邬小撑　主　编

陈君芳　副主编

成长路上，感恩有你

浙江大学2013级优秀『新生之友』访谈录

ZHEJIANG UNIVERSITY PRESS
浙江大学出版社

图书在版编目（CIP）数据

成长路上，感恩有你：浙江大学2013级优秀"新生之友"访谈录/邬小撑主编. —杭州 :浙江大学出版社，2015.9

ISBN 978-7-308-14774-3

Ⅰ. ①成… Ⅱ. ①邬… Ⅲ. ①浙江大学—辅导员—工作经验 Ⅳ. ①G645.1

中国版本图书馆CIP数据核字(2015)第121830号

成长路上，感恩有你：浙江大学2013级优秀"新生之友"访谈录
邬小撑　主编

责任编辑　胡　畔（llpp_lp@163.com）
封面设计　续设计
出版发行　浙江大学出版社
　　　　　（杭州市天目山路148号　　邮政编码　310007）
　　　　　（网址：http://www.zjupress.com）
排　　版　林智广告有限公司
印　　刷　杭州杭新印务有限公司
开　　本　880mm×1230mm　1/32
印　　张　9.125
字　　数　210千
版 印 次　2015年9月第1版　2015年9月第1次印刷
书　　号　ISBN 978-7-308-14774-3
定　　价　35.00元

序　言

　　立德树人是大学的永恒主题。浙江大学创建世界一流大学，不仅要有大楼、大师，更要有大爱，只有真正做到"一切为了学生，为了一切学生，为了学生一切"，才能真正奠定学校的核心竞争优势和卓越办学声誉。

　　人才培养是一个系统工程，成功迈出大学生活第一步对于莘莘学子成长成才至关重要。正如习近平总书记勉励青年学子培育社会主义核心价值观时指出的那样："如果第一粒扣子扣错了，剩余的扣子都会扣错。"我们认为，适应高中到大学的环境转变是新生必须上好的第一课，当好新生领路人是广大教职工义不容辞的责任。

　　2011年，经过调研，在我的积极倡导下，浙江大学在全国高校中率先推出"新生之友"寝室联系制度，包括校领导、两院院士、高层次人才在内的一大批优秀教师自愿与新生宿舍建立一对一的联系，连续四年实现了所有新生宿舍的全覆盖，深受学生和家长好评，这一探索实践正逐渐成为学校构建"三全育人"体系的品牌项目。

　　"师者，所以传道授业解惑也。"在担任新生之友的实践当中，广大教师与学生亦师亦友、共同成长，以老师之意答疑解惑，以学长之情分享人生，以朋友之心帮扶促进，点滴感悟汇聚成满满的正能量，为学生系好"第一扣"、走好"新一程"付出了真心、诚心、爱心。

本书从老师和学生不同的视角对"新生之友"制度实施过程中的感人事迹进行了回顾总结，收录了 26 位新生之友的故事，具有很强的借鉴意义。我自己也是一名新生之友，读了他们的事迹很有感触。首先非常有共鸣，大家都带着强烈的责任感、使命感、存在感去做这件事，将各自独特的阅历和资源优势充分发挥出来了，成为学校育人工作的重要补充；其次感到很欣慰，师生为本的理念已经在全校蔚然形成，大家将学生当成了自己的孩子或朋友，给予了无微不至的关怀。当然这些典型事例只是学校上千位新生之友的缩影，还有更多默默无闻的老师用良心在践行着自己的诺言。这种尊重人、关心人、培养人的情怀，是浙江大学真正崛起为世界名校的动力所在、希望所在。

"老师就似一盏人生路上的明灯，一直照耀着我们。"这是一名新生对新生之友表达的感激之情，是对我们做好本职工作的巨大鼓舞。作为一名教育工作者，我们的梦想就是培养和造就更多担当大任的时代高才，为民族复兴、人类进步作出应有的贡献！

希望以本书的编辑出版为契机，进一步激发全校教职工教书育人的动力，更好地点燃自己、点亮他人；进一步激发广大学生成长成才的潜能，在践行"勤学、修德、明辨、笃实"中谱写更加灿烂的隽永华章！

是为序！

浙江大学党委书记 金德水

2015 年 6 月于求是园

目录
Contents

1

为了一切学生

一切为了学生

"学术研讨小圈子"
里的故事

——记外语学院"新生之友"高奋老师

高奋，女，毕业于浙江大学，获文学博士学位，曾访学英国剑桥大学和美国印第安纳大学，目前为浙江大学外国文学研究所所长，教授，博导。其研究方向为英美文学，对英美现代主义经典作家弗吉尼亚·伍尔夫、詹姆斯·乔伊斯、华莱士·斯蒂文斯、司各特·菲茨杰拉德以及西方现代主义文学与东方文化的关系做了深入研究，迄今已经出版学术著作10余部，发表论文近40篇，主持"弗吉尼亚·伍尔夫小说理论研究"、"英国形式主义美学及其文学创作实践研究"等2项国家社科基金项目，并开设"英语文学名著精读"、"西方文艺理论精读"、"20世纪西方文论"、"外国文学专题研究"等多门本、硕、博课程。

文／郑子懿

"今天我们的小小学术研讨圈有九位参与成员，届时我们的博士后薛春霞待会儿会讲讲她的学术专著的进展，博士生王霞也会讲讲她博士论文的基本构思，还有两位研究生胡梦婕和廖帮磊将分别谈谈他们的硕士论文思路。"紫金港校区东六二楼长廊外的休闲椅上，高老师正和她的博士后、博士生、硕士生组成的学术研讨小圈子围在一起，而高老师结对的四个新生也出现在这里。她们受高老师之邀前来。

这是暑假前的最后一次研讨会了。高老师热情地招呼结对寝室中还在校的三名同学李琳、黄时敏、常敏扩，希望她们能坐到她的身旁。"快暑假啦，等下我们讨论完几位学长、学姐的论文，也聊一聊你们的暑假安排。"

高奋老师的主要研究方向是西方现代主义文学、女性文学和西方文论。她平时除了承担繁重的科研和教学任务之外，还要指导硕士生、博士生和博士后。她喜欢以"学术研讨小圈子"的形式每一两个月召集麾下"爱将"，以了解他们最近的研究进展。为了让新生更好地了解大学生活，高老师想出了一个好点子：将学术研讨会与新生见面会合二为一，提前让四位新生接触学术研究。因为这样既不会受限于

3

小小的寝室，又可以让他们与自己更亲近些。

"学术研究原来是这样的"

与高老师结对的是外语学院四位活泼可爱的女生。初入大学校园，她们对专业和生活有很多的困惑与迷茫，对外语专业下面细分的四个方向——文学、语言、翻译、文化，更是一头雾水。"以我第一次做'新生之友'时的经验，大一新生对生活上的问题总是倾向于向学长学姐述说，而我给自己的任务呢，就是给他们多一些学业和未来发展方向的指导。"

在暑假前的这最后一次研讨会上，三位小姑娘都很认真地准备了纸和笔以记录和捕捉有用信息。

"大家好，我今天主要讲一讲我的博士后论文的写作思路，"博士后师姐娓娓道来，"我研究的题目是英美文学中的犹太民族融合问题，根据不同文学作家的不同作品将民族融合分为四个阶段，也就分为四个章节……"

"不错，看来你的提纲和思路已经比较清晰了。"高老师一面简单总结一面鼓励大家轮流发言，"对了，博士后论文可是要出一本20万字左右的专著，所以学姐会选一个比较大的题目。"高老师不时转过身来为三位新生普及知识，让她们能够对"学术研究"这件似乎"高大上"甚至"不可触及"的事儿，有更为具体的认知。

轮到大家依次发表看法的时候，学长学姐们分别从自身视角提出疑问或给出修改意见。三位新生经过几次这样的研讨会后，不再像第一次那样拘谨地不敢发言，如今已能落落大方地表达自己的想法或者大胆提出问题。

"学姐，我觉得犹太民族融合的这四个阶段的不同状态背后，一定有相应的历史原因，你能给我们讲讲吗？"博士后学姐耐心回答了黄时敏抛出的问题。一下子三个人又长了许多见识，于是相互间会心一笑。

"学姐刚才提到会将这项研究成果与中国的少数民族问题联系起来，那您会在书的最后一章写出来吗？"李琳紧接其后。

在小小的学术共同体里，不同学业阶段的外语学习者在"英美文学"这一频率下和谐共振。在每次两三个小时的研讨会中，四位大一"小师妹"都能从"前辈"那里学到一些专业术语、研究思想与研究方法。

"学术研究原来也是可接近的啊！"高老师所实践的"以学术研讨为核心"的新生之友模式，把教学工作与新生之友工作有机结合，既能节省时间与精力，也能使师生互动内容更加丰富。这不失为一种有益而可行的方式。学术小圈子里的博士生、硕士生、本科生都相互熟悉。早在新生第一次参与学术研讨会时，高老师就将高年级师兄、师姐的联系方式给了她们。这样生活方面的各种问题，新生们也可以与"过来人"讨论。"学术研讨小圈子"里的讨论多元而富有人文气息，这对于刚入校的新生来说，无疑提供了思想成熟的机会。

从封闭的寝室到开阔的露天阳台

除了"小小学术研讨圈"这个良性运转的生态系统外，露天阳台闲聊也是高老师摸索出来和新生们沟通的好方法。

"快到暑假啦，你们都有怎样的安排呢？准备读些什么书？"学术研讨会最后，高奋老师把注意力全都聚焦到三位即将升入大二的新生身上。

"我准备专心读懂一本书，正在考虑读弗吉尼亚·伍尔夫的《雅各的房间》，不过听学长学姐的介绍，好像很难读懂的样子。"李琳有些困惑地向老师求助。

高老师顿了顿："小说中，雅各的房间是一个巧妙的构思，它既空无一物，又无所不包。对于大一的同学来说，可能有点难懂的，不过不妨试试。"

黄时敏则略带羞涩地表示自己的暑期任务是背单词，为进一步学习打好基础，"不错，阅读原著是扩大词汇量的最好方式。"高老师赞许道。

师生四人你一句我一句，闲聊中就把长达三个月的暑假生活安排妥当了。露天阳台视野开阔、光线充足，的确是个能让大家打开心扉的好场所。

"第一次当'新生之友'的时候，我都是跑到同学寝室里，可是几次过后，我发现这样的沟通方式有些局限性，比如：要凑齐四个同学都在寝室，时间不好定；寝室的空间较小，不太适合漫谈或专业交流，新生们可能会更加拘谨。"高老师直言"新生之友"设立的初衷是非常好的，但在各自忙碌的师生之间找到共同的时间和合适的沟通方式是一个值得探讨的话题。"所以带2013级新生的时候，我就选择东区教学楼六楼的露天阳台作为'聚会根据点'，要是结对寝室的同学们愿意和我聊聊学习、生活方面的问题，我们就约在这里见面。"

"既然学术研讨圈侧重培养她们的学术意识和兴趣，那么开放环境下的闲聊话题就大大扩展了。"从选课指导、专业方向选择、是否辅修其他专业或读双学位、出不出国、读不读研这些有关未来选择的大事到家长里短的小事，高奋老师都悉心为她们提供意见。"当然，选择权在同学们手里，'新生之友'是引路人而非带路人。"

"来选我的课"

亦师亦友，方为"新生之友"的真正内涵。"欢迎你们来选我的课，这样我们在课后也可以交流啰。"

四位同学中，黄时敏在上学期修读高老师教学的课程。她常常在课后与高老师交流课程的感悟、问题、学习计划等。在这个交流平台上，高老师会与选课的新生逐步探讨并提出深入、细致的建议，逐步提升她们的学习和思维能力。

"一想到上课的老师就是'新生之友'，就觉得特亲切，很愿意课后聊聊对课程的看法或者是论文写作中遇到的问题。"

"来选我的课也是一种深层次的相互沟通与理解的方式，通过我的课让她们了解我的研究领域、处事风格，同时还能了解她们的学习态度与兴趣特长，何乐而不为呢？"高老师认为课堂交流可以在一定程度上促进师生之间的沟通。

以专业漫谈为主、课程交流为辅，这种"新生之友"模式能够让老师与结对学生在多种场景中交流，自然而然地了解对方，让新生真正受益。

学生眼中的新生之友

青溪 3-424 寝室

◎ 黄时敏

　　2013 年的我是幸运的：上了一所很好的大学，进入了一个团结、友善的班级，拥有了三个可爱的室友，并认识了我的"新生之友"高奋老师。

　　《学生手册》上说，"新生之友"旨在帮助引导大一新生更好地适应大学生活、掌握大学学习规律、走好大学阶段第一步。对我而言，仅仅提供生活上支持的"新生之友"是没有意义的。成年的我已完全有能力去处理一些物质上的困难，但是精神上的迷茫却不是一个 18 岁的灵魂可以解决的。这一年来，通过两次交心谈话，高老师在未来规划、自我定位方面，为我带来了许多启示和指引。此外，在课堂上，高老师也为我打开了一扇文学的大门，不仅让懵懂无知的我一窥文学殿堂的宏伟与深邃，更为我的学术研究之路打好基础。

　　这一年来，我一直在思索大学于我究竟意味着什么，而就在昨天，我看到了今年浙江高考的作文题，短短一百字，却道出了我的心声：门与路永远相连，门是路的终点，也是

一切为了学生

9

路的起点，它可以挡住你的脚步，也可以让你走向世界。大学的门，一边连接已知，一边通向未知，学习、探索、创造，是它的通行证；大学的路，从过去到未来，无数脚印在此交集，有的很浅，有的很深。

我很感激，当我站在门槛上难舍过去、畏惧将来时，高老师如良师亦如益友般，牵着我的手，带我勇敢地迈向未知，让我看到了更动人的风景。

◎ 常敏扩

初来乍到，对"浙"里所有的幻想都变成了现实，全新的大学生活让我无数次在被窝里哭鼻子。但是我知道，无论有什么问题，我都可以向"新生之友"求助，而让我更难以置信的是，我们的"新生之友"竟然是别人口中十分钦佩的高奋教授。在欣喜的同时，我也不免产生了这样的担忧，如此"高端、大气、上档次"的高奋教授，会不会不好相处或者不愿意牺牲自己的时间见我们呢？在与高老师第一次见面并聊了许久之后，我不但消除了这样的疑虑，还收获了许多感悟。生活上的烦恼都因为不断地适应而渐渐消失了，然而学业上的疑惑仅靠自己的力量很难解决。这时候，高老师就成为我们的指南针，因为我们正是缺少一个在专业方面能够指点我们的老师。

初次见面的时候，高奋老师用她的亲切和热情打破了我们的拘束，也拉近了彼此之间的距离。更让我们意想不到的是，她竟然邀请我们参加她组织的硕士生、博士生的学术成果报告会，让我们直观地了解了我们这个专业的优秀学姐、学长是如何做学问的，也初步对大学学习有了一定认识。之后我们还有幸多次受邀参加这样的报告会。除此之外，高老师还定期召集大家一起聊天，耐心地解答我们每个人的困惑。无论是生活上还是学业上的问题，她都能和我们共同探讨，一起解决。尤其是我在大一第一个学期时对如何确认专业很迷茫，也走入了误区，觉得翻译有用而学英语就没什么用。但是老师举了很多例子，引导我寻找自己喜欢的方向。最终，我顺利地确定了主修专业，选择了英语方向。

感谢高老师这一年来对我们的帮助和关心，也感谢学校开展"新生之友"活动，帮助我们这些初入大学、非常困惑的学生们。再次感谢高老师，您就是我心中最好的"新生之友"。

◎ 李　琳

最初踏入大学校门之时，我觉得一切都那么新鲜，却也都那么陌生。没有父母每天在旁边的照顾与唠叨，没有老师时常的鞭策与提醒，我们带着行囊，就这样开始学会坚强，学着独立。可也总是会有许多的困惑与不解，需要有人同我们交流，帮我们解答。幸而有我们的"新生之友"高奋老师，她不仅在学业上给予我们帮助，而且耐心倾听我们对于未来的迷茫，和我们交流大学生活，分享她的心路历程。在与高老师的交流中，我们都获益匪浅。

开学后不久，高老师就带我们参加了研究生学长、学姐的毕业论文研讨会。虽然对于初入大学校门的我们来说，论文答辩还是很陌生很遥远的事情，但是通过参加这次活动，我们认识到了自己同学长、学姐们之间的差距，在对他们称赞与羡慕之余，也激励了我们更加努力，争取日后和他们一样优秀。

此外，高老师多次与我交流，在学业上给了我许多的建议。确定专业之前我很迷茫，父母希望我选择实用性更强的翻译专业，但是我自己对于翻译的兴趣并不是很浓厚。高老师告诉我应该跟随自己的内心，而且在不清楚自己兴趣所在的情况下，不如走一条较宽的道路，这样以后可选择的余地更大一些。就这样，我选择了英语作为自己的主修方向。

作为我们的"新生之友"，高老师无论在生活中还是学业上都给予了我们非常大的帮助，我们也从老师那里学到了许多东西。感谢高老师对我们的教导，我相信在老师的引导之下，我们不仅会在大学里收获知识，更会收获成长。最后我想真诚地对高老师说一句："谢谢您！"

◎ 冯喆煜

12

记得刚入学收到"新生之友"的邮件时，我们对"新生之友"的概念还完全不了解。第一次见面，是高教授邀请我们参加她组织的研究生论文汇报会。

她是一位非常朴实、平易近人的教授，虽然穿得并不光鲜亮丽，却散发着专心学术、勤恳踏实的学者气质。汇报会开始后，她对每位研究生的论文进行点评，并且和我们也做了交流。谈吐间，我们深深地感受到她强大的知识储备。那次的汇报会上，虽然我们对所涉及的文章并不太了解，但仍然非常投入，也有很大的收获。之后高教授还建立了通讯录，把几位研究生学姐、学长的联系方式也添加到了里面，方便之后互相联系。一位教授，能抽出时间做这样细致的工作，可以看出她对所有事情认真的态度。

之后，高教授又两次抽空与我们聊天，了解我们在学习及生活上的情况。一次是在期末考结束后，我们对一学期的生活进行了总结。高教授以其丰富的阅历，给我们提供了很多有益的建议，逐渐化解了我们初到大学的迷茫和受挫的心灵。另一次在期中之后，高教授了解了我们对学习方向的想法，并告诉了我们她的看法，给了我们一些对生活及学习安排的建议。

高教授是非常尽责的"新生之友"，她对学术研究的热爱，以及一丝不苟的态度，给了我们很深的感触。她的关怀也给了我们非常大的帮助。感谢有这样的机会，能与这样一位优秀的教授接触。

高奋老师和结对新生

让信任成为
走进彼此内心的桥梁

——记经济学院"新生之友"叶兵老师

　　叶兵，男，经济学博士，现为浙江大学经济学院经济学系讲师、浙江大学第四期求是青年学者。他2011年毕业于法国图卢兹经济学院，之后加入浙江大学。其研究和教学兴趣方向为产业经济学、激励理论和组织经济学。

文／招艳阳

"叶老师非常和蔼可亲，给予我的帮助有很多。无论是在生活上还是在学习中，特别是在选专业问题上，他都非常关心我。"

与叶兵老师结对的学生之一吕壮提起叶老师时，敬爱和感激之情溢于言表。在与叶老师联系的五名学生心中，叶兵老师既是传授知识的良师、人生道路上的指路人，更是生活中排忧解难的益友和知心好弟兄。"刚刚进入大学，遇到这样一位老师或者说是朋友，真的很幸运。对于初入大学的我们来说，一切都是新的，面对一切都会产生迷茫。在学校配备的学长组以及'新生之友'的帮助下，我很快适应了大学生活的节奏，这也为我之后的学习和生活打下了坚实的基础。"

15

对教书育人工作的热爱和赤诚

"我所做的一切只是因为责任和热爱。"叶兵老师说。

无论是作为浙江大学经济学院的老师，还是担任五位新生的"新生之友"，刚刚走上教师岗位的叶兵老师始终视教书育人为自己最重大的使命。"为什么我选择'新生之友'

这份工作呢？这和我选择做老师是出于同样的原因——并不是因为做老师能有什么丰厚的物质报酬，而只是喜欢这个工作，喜欢与学生交流。当见证同学们在你的辛勤付出中成长、变成更优秀的社会人，那一刻你会感到深深的欣慰和满足。"

作为经济学院的老师，繁重的课程并没有阻碍叶老师的"新生之友"工作如火如荼地开展。他时刻关注五位大一新生的心理和生活状况。叶老师从来没有觉得"新生之友"工作是一种负担，相反，他倾尽心血、乐此不疲。"我在网上会密切关注所联系的五名学生的生活状况，会常常浏览他们的微博，点个赞或评论几句，互相调侃，尽量缩减我们之间的年龄差距。我希望这样能打破隔阂，让他们轻松、主动地找我交流。"

"虽然我平时的教学任务比较繁重，但我几乎每个月到紫金港校区时都会约学生们出来吃个饭，和他们聊聊天，交流交流学习生活，甚至在情感方面还可以给他们提供建议呢！"叶老师哈哈大笑，"在闲暇时我就愿意和学生一起，只有自己主动把心交出来，学生们的心才会向你敞开。这时候你们彼此平等，像朋友一样彼此信任。你能知道学生心里想什么、学生需要什么，然后再有针对性地提供建议、帮助他们适应大学生活。"

作为"新生之友"的叶老师，可是出了名的"热心肠"。吕壮同学回忆起："在过去的一年时间里，除了'新生之友'的角色外，叶老师还是我参与的经济困难生教育实践项目

（NSEP）^①的指导老师。叶老师在各方面都帮助了我很多。"

"令我印象最深的是，一次他在紫金港校区上课后跟我一起吃饭。当时我们在做 NSEP——对浙江大学学生对时事的关注度的调查和研究，我们边吃饭边讨论 NSEP 的一些事情。他给我提出了很多的建议，比如调查对象要尽可能有代表性、调查中的任何活动都不能偏离调查主题等等。这对我各个方面的成长都有很大的帮助。临走的时候，他握住我的手，强调说我有任何方面的问题都可以跟他讲，他会尽最大的可能帮助我。我觉得叶老师是一个让你愿意把心掏出来、全身心去信任的人。"

"要引领学生自主思考"

在叶老师身上最值得借鉴的地方，是他致力于培养学生自主交流、独立思考能力的良苦用心。叶老师对于如何打造恰当的师生关系，如何引领学生独立思考、做出恰当的选择，有自己的一套方法。

"在这个过程当中，我尽量避免按照自己的想法去要求、去求全责备，而是以轻松平等的方式与学生互动、调侃、交流，让学生按照他们自己的想法独立地成长，按照自己的理想去快乐地生活。"

叶老师称，自己一般不会采用指导、命令式的沟通方

---

① 本着"教育和资助相结合"、"以实践求发展"的发展性资助工作理念，浙江大学从 2005 年起推出经济困难生教育实践项目（后简称 NSEP: Needy Students Education Project），支持以经济困难生为主体开展的教育实践活动，为经济困难生了解社会、回报社会、锻炼组织与实践能力搭建的平台。

式，而只是把自己的意见表达出来，或给学生提供更多信息源，鼓励学生搜集各方信息、集齐各方观点，再互相交流看法。"每个人的看法都是主观的，因此我不会以自己的想法去要求他们，而是希望他们能在我这里学会大胆地去询问、去搜集，学会在大量的主观中熔炼出相对客观。""尽量减少干涉，增进建议和交流。"

第一次担任"新生之友"，叶老师也曾担忧自己能否胜任这一关键角色。"学生大一刚入学的时候我非常担心，担心新的环境会让他们难以适从，担心他们心理上会产生抵触情绪，甚至生理上会不适应。那段时间我几乎每天都会浏览他们的微博，甚至在吃饭、上厕所的时候也会看！后来我欣慰地发现他们很好地适应了大学生活，之后还是会常常关注他们的网络动态，并在网上与他们互动。大约一两个月左右，我都会与他们聚一次餐，彼此交流生活、学习以及烦恼。"

"新生之友"起到最关键作用的时刻，在叶兵看来，便是大一下学期的选专业时期。"那段时间我主动、一对一地询问他们五个人的专业意向，尽我所能提供建议。选专业是人生的大事，必须理智、认真地对待。"叶兵老师称，自己会提供看法以及建议，当然最重要的，还是让他们学会独立选择自己的人生道路。

"比如说有一位同学向我咨询应该选什么专业，我给他建议了，但他不听，后来还是坚持自己的专业选择。现在他学习这个专业也乐在其中。其实这在某种程度上也是好的，毕竟人是要有自己的主见的嘛！但我们老师的任务就是把我们所想的表达出来，留给学生借鉴的空间。"

"新生之友"工作获益良多

第一次担任"新生之友"，叶兵老师称自己的收获远比原先想象得要多。"一方面我明白了这样一个道理——一个好的老师应该引导学生与外界交流、独立思考和选择，而不是将自己的想法强加于人，并且一个学生不一定需要拿很高的分数，如何在自己的选择下快乐地生活才是最重要的；另一方面，'新生之友'给我提供了一个与学生交流的机会，增进了我对学生心理、追求的了解，这是有助于我教学的。只有了解了自己的教学对象，才能更好地改进我们的教学方法、方式和内容，才能更好地理解社会、理解社会科学。"

叶老师说，尽管在教学的同时时刻关注、担忧五名学生的生活并不是件轻松的事情，但如果下学期还有机会，依然要争取成为"新生之友"。这是一段难忘的经历，这是自己热爱的工作。"有时候学生一个感激的眼神，会让我觉得我付出的一切都值了。"名义上的'新生之友'活动虽然结束了，但这并不能代表什么。我仍旧是他们的'新生之友'，会常常关注他们的动态，比如点个赞啊，留个言啊……并且不管是哪位同学，无论是不是我的学生，有困难来找我，我绝对尽力相助！"

"五名学生都是好孩子，性格都很好，成绩也都不错，适应大学生活的过程也很顺畅。"谈及如今五名学生已顺利地度过大一，叶老师的脸上露出了欣慰的、灿烂的笑容。或许这样的幸福，来源于见证五名青年人在自己的引领下成长的快乐。这种快乐超越了"新生之友"工作的烦琐和操劳，诠释了叶兵老师园丁般辛勤耕耘的为师之道。作为五名男生的"好哥们儿"，叶老师相信，任何一位老师都会是学生最好的朋友，关键是要彼此敞开心扉，让交流成为师生间关系的基础，让信任成为走进彼此内心的桥梁。

叶兵老师

学生眼中的新生之友

青溪 2-321 寝室

◎ 陈天伦

作为我们宿舍的"新生之友"，叶兵老师与我们的接触是挺多的。刚刚进入大学之时，我们对大学的生活和学习以及其他的各种事情一无所知，而学校给每个宿舍安排的"新生之友"便发挥了很大的作用。

也许我们的"新生之友"不像一些资深教授那样拥有丰富的学术阅历，也许我们的"新生之友"不如我们的朋友那般亲密无间，但是他确实帮我们将大学规划得有目标、有斗志，告诉我们有困难就去问问他！

君子之交淡如水，叶老师与我们相处时显露出江南水乡特有的灵性。对于在外求学的学子来说，这种亲切的感觉就像春天的雨露一般无声地滋润我们的心田。交谈之中，叶老师不断询问着我们的学习与生活情况，透露出对我们的关心，让远离家乡的我们体会到了家的温暖。天气渐冷，衣物能够给予身体以保暖，而叶老师的关怀正是给予我们内心温暖的外衣，使我们在异乡不会感到冷漠与孤独。叶老师经常对我们给予鼓励，勉励我们突破现实中的困难，以实现我们的理想。

我相信，在以后的生活中，我会永远记住在自己的大学生活里有这样一位可亲、可敬的老师。

◎ 吕　壮

春蚕一生没说过自诩的话，但那吐出的银丝就是丈量生命价值的尺子，我们的"新生之友"又何尝不是这样呢？叶兵老师以其谆谆教导，将我们这群对大学一无所知的年轻人带入自主生活的殿堂。他就像一位尽职尽责的园丁，细心照料与呵护我们成长，使我们能够在大学里找到信心与快乐。

叶老师作为"新生之友"，对我们非常关心。他是希望与幸福的播撒者，在茫然与迷惑中为我们指明方向。

在担任新生之友的这一年中，叶老师不仅要在学术科研上花很多精力，又要指导我们成长，着实不易。记得有一次，我翘课在寝室睡觉。他发现后很严肃地批评了我，而我很气恼，认为让我颜面扫地。事后，他很认真地找我谈话，告知我上课要认真听课，课后只要稍加复习，便会如鱼得水，切实掌握书本知识。等到期末考试周，我才知道学好专业知识是多么重要的一件事。非常感谢叶老师，没有他的悉心指导，我是不会由一个不谙世事的高中毕业生变为一个能够独立生活的大学生，也不会懂得珍惜这么好的学习机会，更不能在浙江大学里找到属于我的那一片天地。

◎ 许日升

叶兵老师是我们的"新生之友"，从进入大学开始，就给了我们细心的指导。无论是在学习上还是在生活上，他都会以一种很理智的口吻，不厌其烦地解答我们的问题。

记得在一次考试前，他很关心地问我们寝室和同学对于考试的准备情况，还聊到了我们近期的生活状况和心理状态。这些都在不知不觉间缓解了我们考试前的那种紧张的心理。我们与叶老师交流的时候，都能够感受到轻松的氛围并能有一些让我们颇有感触的收获。

在我们对专业感到困惑的时候，他一一了解了我们的专业意向和问题，对我们提出了一些切实可行的建议；他还结合自身的经历，娓娓道来属于他的那份精彩。

叶老师对于寝室文化有着自己的见解。他在指导我们的同时也对我们说了寝室同学之间关系的重要性。他说建设良好的寝室文化是对整个寝室共同进步的促进。同学之间的情谊和共同学习、互相帮助的氛围，将会是大学时代的美好回忆和宝贵财富。

叶老师是一个很好的"新生之友"，在我们大一的生活和学习中，给予了我们很多的帮助和启发。

"我做的事情很小"

——记机械系"新生之友"顾新建老师

顾新建，杭州人，浙江大学现代制造工程研究所教授，博导，浙江大学创新管理与持续竞争力研究中心（国家哲学社会科学创新基地）副主任兼知识产权和知识管理研究所所长。中国机械工程学会成组技术专业委员会副主任委员。入选"浙江省151人才计划"。担任宁波市制造业信息化工程专家组组长。2002年被评为第一届浙江大学研究生"良师益友"。在国内外正式期刊上发表论文350多篇，出版著作11部。获国家科技进步奖二等奖1次，省级科技进步奖9次。

文／胡秋琴

"我做的事情很小，很惭愧接受这个采访。"顾新建老师在采访之初就谦虚地说。但是，这份看似简单的工作却给同学们带来了莫大的温暖，帮助他们很快适应了大学生活。2013 年，顾老师第一次承担"新生之友"的工作。在繁忙的工作之余，顾老师为学生答疑释惑，给予他们鼓励和帮助，"扮演"起新生"领路人"的角色。

"不要缠着学生"

"现在的学生都很有主见，而且他们的学习都很忙，我们不能老是'缠'着他们，硬要给他们帮助。"这是顾老师开展"新生之友"工作的思路，也获得了学生们的一致认同。在顾老师看来，同学们的时间都非常宝贵，如果单单为了完成学校的任务，强制性约见学生，只会给学生带来一些不必要的麻烦。顾老师希望自己的行为能够给学生带来实质性的帮助，而不是为了完成任务。因此，顾老师与学生见面的方式是灵活的、轻松的。有一次，顾老师从玉泉校区赶到紫金港校区与学生见面，不料他们临时去打球了，顾老师就到篮球场上去看他们打球，和他们交流心得、分享经验。

"我希望自己是他们的朋友，而不是有距离感的老师。他们在我面前一直是很放松的。"顾老师和学生们一直像朋友一样相处，与他们分享交流自己的心得体验。"他对待我们全然没有师长的咄咄逼人，有的只是朋友一般的亲切和关怀。作为'新生之友'，他仔细地询问了我们的学习、生活状况，许诺有任何问题都可以找他，他会尽全力帮助我们。"刘同学面带微笑地说。顾老师也会和同学们一起参加一些课外活动，增进交流，比如一起参加机械系举办的登北高峰①活动。"顾老师的登山速度十分快，可见他在平日里也是一个热爱运动的人，身体非常棒。"韩昌昊同学在采访中这样说。

在尽量不给同学造成麻烦的同时，顾老师一直细心关注着同学们的成长。"顾老师在平日里对我们十分照顾。虽然他在玉泉校区工作，不过总能时不时地抽出空到紫金港校区看看我们，与我们一同吃饭，给我们带水果，我们寝室四人都很感动。"韩昌昊同学说。顾老师对同学们的身体状况也十分关心，常常将自己的锻炼经验分享给大家，督促同学们积极锻炼身体。"生活上，他也是一个非常尽责的'新生之友'，经常和我们联系，询问我们的状况，鼓励我们加强锻炼，他自己每天早上起来跑步或者游泳，保持好身体，这样才能够更好地工作和学习。"黄晟同学说。

26

① 北高峰：浙江大学玉泉校区背靠的一系列山脉。

"选好专业对未来发展很重要"

"选好专业是我们进入大学后非常重要的一步，所以一定要谨慎地对待。"顾老师除了在生活上十分关心学生，在选专业上也尽自己最大的努力帮助大家。有几位同学没有目标，对大学生活感到很迷茫，面对专业选择更是无从下手。顾老师及时联系他们，以自己深厚的专业知识积累和亲身经历，为同学解答疑惑，引导他们选择相对适合自己的专业。"选专业主要是看自己的兴趣，不能盲目跟风。"顾老师的专业是工业工程，以此专业为例他向同学们分析了专业的优势、未来前景以及之后的深造问题，使同学们对于专业又有了进一步的认识。在专业确认之前，顾老师就提前带领学生去参观玉泉校区的实验室，让学生提前了解相关专业。"顾老师作为'新生之友'是相当负责的，他不仅积极地为我们解答学习上遇到的问题，还主动邀请我们去玉泉校区的重点实验室参观，让我们大开眼界，对于工科的工业工程方向有了新的理解。"韩昌昊同学说。对于那些目标明确的同学，顾老师会对他们的专业确认情况进行了解。

在顾老师全面的辅导和帮助下，柳旸选择了机械电子工程，黄晟选择了土木工程，刘鑫和韩昌昊选择了能源与环境系统工程。

"认真对待每一件事"

"我虽然做的事情不多，但我认真完成每一件事情。"顾老师除了日常上课之外，同时还是多个本科生、硕士生、博士生的导师以及多个科研项目和军工项目的负责人，工作非常繁忙。尽管如此，顾老师总会抽出时间，去关心结对新生的学习和生活。

为了帮助新生尽快适应大学生活，找到自己的学习目标，顾老师将自己的亲身经历写到文章中，希望对同学们有所勉励。"农村经常停电，只有点煤油灯复习，鼻孔都是黑黑的。恢复高考的第一年，1978年2月我从农村考入浙江大学机械系。""'人无远虑，必有近忧。'没有一个远大的理想，就有可能使自己缺少学习的强大动力。理想可以是崇高的，如为中华民族崛起和世界进步做出自己的贡献；也可以是现实的，如争取一份理想的工作。希望大家想得远些，例如，设计自己未来的职业生涯，未来是创业还是做研究。从现在起就要做好准备，同时也要看看自己是否适合未来的职业。我们做科研也有自己的理想。没有理想，就难以持之以恒。"

"我们十分珍惜与顾老师相处的这一年，我们真切地体会到了顾老师对我们的关心和照顾，也从中得到了不少帮助和指引。感谢顾老师这一年对我们的关心，也感谢'新生之友'制度拉近教师与同学们之间的距离！"

"顾老师是我们学习、生活上的良师益友，在初入大学的迷茫阶段，他为我们提供了许多弥足珍贵的指导和建议，帮助我们度过了这最难熬的阶段，使得我们找到了属于自己的正确方向，有了个人的人生追求。"

"'新生之友'这个制度，我认为非常好，作为一名大一新生，需要的就是尽快适应环境，积极投身于大学生活，特别是像顾老师这样积极、负责的老师，能够实实在在带给我们帮助，我非常感激，我希望我们能跟顾老师继续保持联系。"

这些都是同学们发自肺腑的心声，是同学们对老师的感谢，也是顾老师收获的最欣慰的回报。这些看似很小的事情，却在无形之中拉近了老师与同学的距离，增加了同学们的归属感。

学生眼中的新生之友

蓝田 3-2045 寝室

◎ 韩昌昊

顾新建老师能成为我们 2045 寝室的"新生之友"，对我们来说是一件相当高兴的事情。还记得第一次与顾老师见面是在紫金港校区大食堂的门口，顾老师精神状态十分好，他热情地在接待餐厅请我们吃了一顿丰盛的午餐。在餐间的交谈中，我们发现顾老师是一个十分睿智的人，他对于教育、科技方面都有着独到的见解。他不仅询问了我们的学习与生活状况，还为我们这些初入浙大校园的大一新生讲解了许多工科专业的研究方向以及各个学科的交叉情况。

顾老师为人热情，关心他人。在平时的学习生活中，我们寝室经常收到顾老师发来的短信，他也经常想要来紫金港校区看我们，可是由于课程时间的原因，我们总是与他错过，不过顾老师那份热诚让我们十分感动。

这一年与"新生之友"相处中，令我印象最深的便是那次去玉泉校区参加机械学院举办的登北高峰活动。在那次活动中，机械系的教授们（顾老师也是其中之一）和结对寝室的同学们都被邀请到玉泉校区共攀高峰。我还清楚地记得，

30

顾老师虽然年纪大，但登山的速度却一点都不慢，甚至登起山来要比我们这些正值青年的学生们还要轻松。问过顾老师，我们才明白原来他在平时经常来爬这座山锻炼身体。可见，顾老师不仅为人热情，学术精湛，在锻炼身体方面也不懈怠。

一年，说长也不长，说短也不短，我们虽然不能从顾老师那里学到更多的学术方面的知识，但从他的为人处事中我们学到了很多人生智慧——认真学、负责任、勤锻炼。与顾老师相处的这一年我们获益良多，我们也十分珍惜这段美好的时光。

◎ 黄 晟

我的"新生之友"是顾新建老师。还记得刚上大学的那段时间，对大学生活还不是很适应，但是"新生之友"顾老师给予了我们很大的帮助。

顾老师也许是最尽责的"新生之友"了，他本身工作很忙，还经常从玉泉校区赶到紫金港校区来看我们，给我们买水果，请我们吃饭。他对于我们的学习以及生活都很关心，还给予了我们许多学习上的帮助。比如他的专业方向是工业工程，他和我们分析了专业优势、未来的前景以及之后的深造问题，与我们分享经验并提供指导。

在生活上，他也是一位非常尽责的"新生之友"，经常和我们联系，询问我们的状况。他督促我们加强锻炼，比如每天早上起来跑步或者游泳，这样才能保持一个好身体。他作为一位学识渊博、生活阅历丰富的老师，以一个过来人的身份悉心指导我们，让我们知道在大学应该做什么，不该做什么，给予我们很大的帮助，能让我们一生受益。

作为大一新生，有了顾老师这样一位积极、负责的"新生之友"，能够实实在在地带给我们帮助，使我们更快地适应环境，积极投身于大学生活，我非常感激。在这里我也希望我们能与顾老师继续保持联系。

◎ 刘　鑫

我们蓝田3舍2045寝室的"新生之友"是顾新建老师，在这即将过去的一年中，他作为我们的师长，在我们的学业、生活方面，给了我们许多指导和帮助，在我们心中留下了很深的印象。

初次见到顾老师，是在大一入学后不久，顾老师在百忙之中抽出时间，约我们在接待餐厅见面，共进午餐，这让初入大学的我们很是惊讶，原来大学的师长并不是想象中的那样高高在上，而是可以和你平等相待的。在见到顾老师之后，更印证了我之前的想法是正确的。他亲切、随和，对我们如朋友一般的体贴和关怀。作为"新生之友"，他仔细地询问了我们的学习、生活状况，许诺有任何问题都可以找他，他将会尽全力帮助我们。

在之后的交往中，我们对彼此的了解有了更进一步的加深，顾老师会于百忙之中来到紫金港校区看望我们，对我们嘘寒问暖，交流最近生活、学习的一些感受，帮助我们寻找正确的人生方向。我们也应邀前往玉泉校区，在顾老师的引领下参观了许多科研实验室，大长见识，感触良多。总而言之，顾老师是我们学习、生活上的良师益友。在初入大学的迷茫阶段，他为我们提供了许多弥足珍贵的指导和建议，帮助我们度过了这最难熬的一个时期，使得我们找到了属于自己的方向，有了个人的人生追求。

◎ 柳　旸

顾新建老师是我们的"新生之友"。刚进大学的那段时间，顾老师给予了我们四人极大的帮助，使我们逐渐适应了大学生活。

记得顾老师给我们写过一篇文章，回忆了他当年的艰苦生活并以此激励我们要树立远大的理想、虚心向他人学习，借助现在丰富的资源不断充实自己。

顾老师工作挺忙，但他总是不辞辛苦地从玉泉校区赶到紫金港校区来看我们。初次聚餐时，他询问我们大学生活是否习惯、学习上是否遇到麻烦，可见他对我们的关心。此外，他还带着水果来寝室探望我们，询问我们对专业的想法，并让我们对机械系有了一定的了解。他建议我们在选择专业时要细致地分析该专业的优势，并考虑之后的深造等问题。

除了学习，他也敦促我们要加强锻炼，不能让身体垮了。从班主任那里听说他很擅长长跑，在我们的要求下，他和我们分享了他的锻炼经历，说他时常去玉泉校区的游泳馆游上几圈，平时也经常去登山毅行，这样才能保持健康的身体，在工作时也能更加投入与专注。

可以说，顾老师不但是我们生活上值得依靠的朋友，更是指引我们人生方向的导师。他用他的经验与人生阅历告诉我们作为一名大学生应当做的事情并鼓励我们积极前行，去追寻自己的梦想。

学校开展"新生之友"这个活动是极好的，毕竟人生路上难免会遇到麻烦与挫折，而有了像顾老师这般负责任的老师作为领路人，才能让大一新生更快地适应大学环境，投身到大学的学习和生活中去。

希望顾老师身体健康，在学术研究上更进一步。

34

顾新建老师

和四位摩羯座的缘分

——记生仪学院"新生之友"刘清君老师

刘清君，教授，生仪学院生物医学工程学系副系主任，紫云 2 舍 418 室"新生之友"。担任"新生之友"期间，刘老师主动关心四位同学的学习和生活，常和同学们电话联系，帮同学们排忧解难。刘老师也常去寝室和同学们聊天，聊学习、聊生活、聊友谊、聊科研，在聊天中，引导着他们的成长。"我和同学们共成长，"刘老师笑着说，"我盼着他们快点成长，我也盼着继续担任新一届的'新生之友'，和同学们共享这亦师、亦友的求是缘。"

记者
采访

文／梅林蓉

"这四个小孩挺好的，上进、团结、有童心。"生仪学院的刘清君老师这样形容他作为"新生之友"所联系的四位男生。在方东、付浩霖、周珺、孙东明眼里，刘老师是一个健谈又平易近人的老师。刘老师说，他们的联系和相识，就像是一种缘分，一种由浙大而产生的缘分。

"缘分"二字贯穿在刘老师和四位同学一年的生活之中。从平日里的聊天谈心到期中考试复习时的互相打气再到一起过生日的快乐与亲密，刘老师和紫云 2-418 寝室的同学们紧紧联系在一起。

并肩期中考

聊起第一次在寝室见到刘老师的场景，四位男生记忆犹新。"当时针一步步地靠近 8 点，我们都停下了手中的工作，不由自主地围坐在一起讨论，到时候该跟老师聊些什么呢？会不会很难交流呢？当然，这些多余的担忧在见到刘老师的第一眼就散去了。"同学们发现，刘老师不仅平易近人，而且还非常健谈。

一番自我介绍和问候之后，刘老师问起了同学们的学习情况。"作为学生，不论是高中还是大学，都应该以学业为重，学好科学文化知识才能称得上合格的学生。"这些话语，完全没有说教的口吻，反而充满了耐心和真诚，如春雨润物一般，影响着这四个大男孩。

大家提到期中考试将要来临，刘老师便向同学们介绍了学习各门课程的"秘诀"：如"英语"、"微积分"等课，需要平时多花时间，多读多写，积累单词、题目等，同时也要学会总结，知道自己的不足要及时弥补；通识课，建议全方面地去了解一些相关知识，为以后全方位人才的培养做准备，特别是一些自己感兴趣的领域，更应该着重学习，这样就可以比其他人更早地进行有针对性的研究。刘老师还介绍了在同学们看来"神秘而有趣"的实验室，热情地邀请同学们去他的实验室参观。

方东同学把这一次受益良多的交流记录了下来，写成《期中考，他与我们并肩作战——记紫云2-418寝室同学与'新生之友'刘清君的初次见面》，发表在了第八期的《云峰学园新生之友简报》上。字里行间，流露出他对刘老师深深的感激和敬爱之情。刘老师笑着回忆："他们用了'并肩作战'这个词语，让我印象很深。"

五个人的生日

418室的四位同学，有一个共同点，那就是他们都出生于1995年1月5日。刘老师第一次和同学们聊天时，偶然知道了这个同年同月同日生的巧合，非常兴奋，他让大家一定要珍惜这来之不易的缘分。"下次我们一起过生日吧！"他当时不经意地一提，在之后的几次聊天中，大家也并没有想起这件事。

转眼几个月过去，不知不觉就到了1月5日。刘老师一直盘算着给他们买一个蛋糕，但因为工作原因，那天他一直忙到晚上。尽管充满了疲惫，刘老师坚持履行自己的诺言，去寝室看望他们。他提了一袋水果进门，向四位同学提起了没有时间买蛋糕的遗憾，话音未落，哪料到方东同学端出了事先藏好的蛋糕！那时寝室里没有其他同学，显然，他们就是等待刘老师过来一起过生日的。刘老师又惊又喜，也为这四个孩子已经把自己视为朋友而感到高兴。

同学们回忆说："那是我们经历过的最特别的一次生日，有朋友的陪伴，更有师长的祝福。也是第一次，我们对大学老师有了新的理解，老师亦朋友，相处如亲人。"

38

刘老师趁着这个机会，跟大家分享了当年他大学时寝室八名室友之间的故事和趣事。刘老师像个大朋友一样分享自己的经历，一下子拉近了他们之间的距离。

随着认识的深入，同学们也开始主动向老师请教问题、请求帮助了。有一次，方东同学担任一场讲座的工作人员，需要穿着正装和黑色皮鞋。活动前一天，他还没有借到皮鞋，抱着试试看的心态，他给刘老师发短信让刘老师帮忙。发出短信时，已经是晚上11点30分了，刘老师收到短信后马上打来电话，向他询问具体的要求。第二天，刘老师问了十几个同事也借不到鞋子，只好作罢。至今，刘老师还为没能帮上忙而遗憾，但一想到同学有困难就能想到他的这份信任，心里还是充满了温暖。

交流胜于一切

"'新生之友'，是同学们的朋友。更重要的是，'新生之友'是代表学校去和同学们建立一份友谊，以这种方式给他们提供指导或帮助。"刘老师是这样理解自己承担的"新生之友"工作的。他认为，做好这份工作，关键在于"交流"二字："要平等对他们。如果高高在上，以教授的身份演讲半天，反而达不到预期效果。"刘老师深知，作为"新生之友"，需要的不是发表演讲，而是帮助他们解决问题。

刘老师乐于和同学们交流和分享，尽管工作很忙，他还是会抽时间和同学们交流。忙完一天的工作，刘老师常常会在晚饭后走进同学们的寝室。"我希望和大家融洽相处，快乐聊天，沟通顺畅。"刘老师一直秉承着这样的理念，在聊天中，和同学们谈天说地，享受着人与人之间的那一份真诚。学习、生活、友谊、科研……刘老师会选择同学们感兴趣的话题，这样，同学们交流时才会有更多话可以说。

在随性自由的聊天中，同学们知道了很多学习方法，如数学的解题思路，如接触实验室的途径等；也学习了很多人与人之间的相处之道，对待朋友、对待学习、对待生活的不同态度。正是在这样的聊天中，他们感受到了刘老师作为一名教授，以多学科、跨专业的视野对待具体问题，以极大热情对待他人、对待生活的独特智慧。

　　刘老师常常主动和同学联系。那是因为，刘老师并不认为和同学们聊天占用了他的时间，也并不认为"新生之友"工作对他来说是一种负担。相反，刘老师说，他也从与同学们的聊天中学到了很多东西。谈及教育问题，刘老师注意到寝室的同学由于是独生子女而对教育问题有着不一样的理解，这是他们那一代有着众多兄弟姐妹的人所想象不到的。打那以后，刘老师更加关注学生的心理状况了。

　　刘老师像朋友，和同学们分享经历和故事；但他也是老师，能在现实生活中提炼出友谊的宝贵，并且希望同学们也能互帮互助，珍惜这份来之不易的友谊。"我们从四面八方来到这里，是一种缘分。成为他们的'新生之友'，更是一种缘分，"刘老师动容地说，"我盼着他们快点成长，我也盼着继续担任新一届的'新生之友'，和同学们共享这亦师、亦友的求是缘。"

刘清君老师

学生眼中的 新生之友

紫云 2-418 寝室

◎ 方　东

　　我们的"新生之友"刘清君老师，他是我来到浙大后第一个有交流的老师，也是到现在还能经常联系、能随时寻求帮助的老师。

　　到现在还能清晰地回忆起第一次见面的那一晚，那晚刚接到通知老师要来，我们兴奋了好久，大学老师会是什么样子，他会来讲些什么，这都是未知。

　　当然，那晚的谈话内容令人印象深刻。刘老师跟我们分享了很多他当年上学时的情景，带我们回忆他当年求学的艰苦岁月，并鼓励我们珍惜现在良好的条件，在大一阶段努力打好基础，学好知识，争取在大二、大三时进入实验室，尽早地接触科研，这些将会对我们每个人未来的发展带来极好的影响。

　　除了第一次的看望，刘老师在这一年里共计看望我们三四次，包括 1 月 5 日，那是我们寝室四人共同的生日，刘老师的意外出现，更是给原本欢快的寝室氛围增添一份惊喜。除了深深的祝福，刘老师又和我们分享了很多他的专业

一切为了学生

41

前沿问题，很多未知的学术问题深深地吸引了我们。除了科研，刘老师也分享了他当年的寝室生活，以及到现在还能维持良好关系的那一帮室友，他每次回家都会受到大学室友的热情招待，鼓励我们一定要珍惜这段情谊、这段缘分。

总的来说，我相当感谢刘老师所带给我们的一切，也同时支持学校这项关爱新生的政策。我希望我们还能与刘老师有更长久的联系，也相信他能在我未来的道路上起到指路作用。

◎ 付浩霖

第一次见面是在浙大玉泉校区。怀着期待之情，我们寝室一行人坐上校车赶往玉泉校区，在车上我们便忍不住猜测我们的"新生之友"是一个怎样的人。下车来到报告厅，很快刘老师就和我们见面了，刚开始见面还有些不知所措，面对这样一个正经的大人，几个平时调皮的小伙伴反而不知道该怎么开口说话。这时候班主任跑了过来，告诉我们刘老师很健谈，什么故事都能讲，于是我们便开始放下心来，畅谈自己的想法。

首先刘老师让我们猜他是来自哪里的，每个人都用自己的方式去探索，孙东明首先从口音去判断，周珺则是根据排除法去一步一步地逼近，而我则采用问他的家庭情况去旁敲侧击，在一轮轮的揭秘之下，刘老师其实已经了解了我们每个人的特点和思维模式，而且令我万万没想到的是，我们的家乡已经在我们的询问中被悄无声息地打探清楚，不禁开始佩服刘老师的逻辑思维能力。在之后每次的见面中，他都会自然而然地将我们的家乡插入话题，除了暗自欣赏他心思细密以外，也心生一丝感动，因为孤身一人来到浙江，有一位慈祥的老师记得我远自他方，面对坎坷时也能想到自己还有这么一位老友。

更加令我感到可贵的是，1月5号那天，寝室四人一如既往地埋头书中，已经不记得还有生日这么回事，这时一个电话打来，"祝你们生日快乐"，还未撂下，门已敲响，只见老师手拿两袋金灿灿的橘子，进到屋中。比父母的关心来得更及时的是老师的身影，我们坐在各自的桌上，吃着橘子，开心地聊着，突然邻桌方东拿出了藏好已久的蛋糕，一人一刀将蛋糕切好，一盘一盘大家分好，我们感受到今后的生日不会再孤单，今后的道路也有着那一双大手扶持，命运的果实我们一起分享。

感谢刘老师，人生路漫漫，跨越几个年代还能有如此友人，我们可以更坚强地走下去。

◎ 孙东明

第一次与刘清君老师的相见令我记忆犹新，那是在玉泉校区的"新生之友"见面会上，来自生仪学院的刘老师与我及两位室友坐在一起，认真参加了会议。会后，刘老师亲切地与我们进行交谈，和我们交流了他在留学时的一些趣事和见闻，分享了他的一些体会。在交流中，他还就中外文化差异与我们进行了讨论。刘老师与我们的第一次见面就这样在一种亲切的氛围中结束了。

第二次交流与思修课有关。出于思修小组调研需要，刘老师很热情地接受了我们的邀约，在寝室进行一次"访谈"。令我们没想到的是，刘老师他不是一个人来的，他还带了满满一袋橙子和满满的爱！我们当即和刘老师一起剥开橙子狼吞虎咽，吃得不亦乐乎，不一会儿，垃圾桶里就塞满了橙子皮，我们吃得肚子都胀了。然后刘老师就讲述了他关于理想与人生的见解（思修课题）。我们听得特别认真，还做了笔记，我的室友方东还机智地拍了照。除了人生理想，刘老师还和我们交流了一些优秀电影，他推荐我们去看《美丽人生》。我们还聊了关于"鬼"的一些话题，因为我们都很怕鬼，刘老师说不要怕，我的室友周珺见解独特，他说："其实不用怕，因为有鬼就有神，这样才能有所平衡，正义和邪恶相抵抗。"刘老师认为很有道理，他说对啊，不然鬼就乱吃人了。第一次寝室相会就这样愉快地结束了，我们送他到寝室楼下，刘老师坚持让我们送到此为止。

第三次在寝室见到刘老师非常惊讶，因为刘老师突然说要来看我们。到了寝室刘老师才告诉我们他是来给我们过生日的，这回他带来了芦柑。更大的惊喜来自我的室友方东，他揭开了桌子上的衣服，一盒大蛋糕立刻出现在我们眼前，好像还发着光！然后打开了盒子，我们邀请刘老师来切第一刀，切开后，我的室友付浩霖切了第二刀、周珺切了第三刀、方东切了第四刀。然后我们吃了蛋糕，拍了照，非常开心。

这就是我们与刘老师几次见面愉快的经历。

◎ 周　珺

说起来，不知不觉已经一年过去了呢，距离我踏进这个陌生的浙大，一周年。也是啊，毕竟我已经从那个青涩、懵懂的小少年成长为一个充满阳光活力的少年了。

　　还记得我的室友对我说，他对刘老师印象很深刻，而那，不过是刘老师与我们第二次见面后的晚上。他说特别是刘老师讲的鬼神说，让他无法忘却，甚至失眠整晚。那天是刘老师第二次来我们寝室，刘老师带来了一些水果给我们"开开荤"。确实，作为一群茫然混迹在成长路上的孤独的少年来说，好好照顾自己不是十分现实。而刘老师就像一位亲切的长辈，时常给我们带来关怀。这水果何尝不是他抽象的关怀具象化的表现呢！因为他懂我们需要什么！当然，刘老师每次来看望我们的时候总不忘带些"附带产品"——精神上的鼓励和智慧的启迪。那天晚上，我们五个人就关于科技等话题聊了几个小时，刘老师以他丰富的人生阅历向我们展示了科学是多么的多彩，世界是多么的奇妙。

　　当然，记忆最深刻的就是过生日。我们寝室四人的生日是在同一天的，说起来这也是我们的缘分。在我们过生日的那天，刘老师不顾工作了一天的辛劳，赶到紫金港为我们庆生，还带来了慰问、鼓励、祝福和关怀。大家一边吃着蛋糕，一边为彼此间的友情和缘分感动着。没错，从那时候起，刘老师在我们心中的角色已经变成亦师、亦友了。良师，亦是挚友。

　　是啊，刘老师是一个值得尊敬的老师，也是一位令人感动的朋友！

忙里偷"闲"也能行

——记建工学院"新生之友"周家伟老师

周家伟，工学博士，高级工程师，国家一级注册结构工程师，注册咨询工程师（投资）。现任浙大建筑设计研究院院长助理、工会主席、杭州浙大精创建设工程咨询有限公司总经理、浙江省勘协图审专委会副主任委员、浙江省工程咨询协会常务理事。长期从事建筑结构和建筑空间结构的设计和研究工作。在国内专业核心刊物发表多篇论文，参与编写著作1部。参与的科研项目曾获2001年浙江省科技进步奖二等奖。负责结构设计的项目获第五届全国优秀建筑结构设计三等奖、教育部设计二等奖、省"钱江杯"设计二等奖。

文／黄道旋

"周老师的确很忙。"问起对"新生之友"周家伟老师的印象，碧峰 3 舍 308 寝室的几位同学不约而同地说。与其他"新生之友"不大一样，周家伟老师并非来自学校的教师岗位，而是一名浙大建筑设计研究院的高级工程师。设计院的工作不轻松，工作量很大不说，还要和甲方业主交涉周旋，加班是常态。周老师在设计院供职的同时担任起"新生之友"的工作，几位同学都表示相当钦佩。

"忙人"周老师，简单、直接也温暖

去年秋天，期中考试刚结束，王毅超独自一人坐上了前往西溪校区的公交车。他早早地和寝室的"新生之友"周家伟老师约定了这次见面——因为王毅超错过了"新生之友"的第一次集体见面，这才有了他和周老师的这次单独"约会"。尽管之前准备了很多想问的问题，可毕竟老师还在工作，王毅超心里很忐忑，不知道老师能给自己解答多少疑惑，也不知道这样一位"忙人"老师是否愿意花时间和心血在自己身上。

　　说起那次自己独自去设计院找周老师的经历，王毅超十
分感慨："老师那时还在开会，开完会就直接来找我了。我问
了他很多问题，还参观了设计院，结束之后周老师马上又去
赶下一个会了。"对于周老师的忙，寝室的几位同学最开始
并没有什么感触，参观了设计院之后，大家纷纷表示理解：
"做建筑工作就是这么忙，去设计院看过之后就了解了。"

　　如果单从和同学们交流的次数来说，周老师的数据看起
来似乎并不够瞩目。由于工作的忙碌，加之师生分别在不同
的校区，联系起来也有不便，周老师和同学相处的机会的确
是不多的。寝室的一位同学说："有时候也挺不巧的，老师
来的时间我们都在上课。"

　　尽管交流的次数不多，但在同学们眼中，周老师却是一
位认真、负责的"新生之友"。周老师关心同学的方式，并
不是像妈妈一样的反复唠叨，而是以一种更加简单、直接却
十分有效的方式，深受四位同学欢迎。只要是有机会来紫金
港，周老师都会尽可能联系寝室的同学，和他们聊聊最近的
情况。交流的机会难得，每次的质量却很高，总是能解决一
些问题。更让同学们感到安心的是，周老师对于同学们提出
的问题有求必应，无论是参观设计院还是专业上的指导，周
老师都会尽可能地安排。"周老师是一个很实在的人。"王毅
超说。

与设计师面对面，成为专业领路人

　　相对于其他寝室，几位同学觉得能有周老师担任自己的

"新生之友"是很幸运的。在建筑学的专业上，周老师能给予自己很多的帮助。浙大施行的是分类招生，虽然科创大类是包含专业最少的，每个新生同学也有四个专业可以选择。这时候，对专业每多一分了解，对今后的发展就会多一分信心和帮助。

相对于其他同学，郑盛远同学的目标一开始就比较明确——建筑学方向。在大多数人看来，建筑师是一个文艺与理性并存的理想职业。也正因为如此，科创大类的很多同学都对建筑学有着浓厚的兴趣，希望选择它作为自己的专业。但另一方面，建筑学不仅和其他专业的知识体系差异很大，学习和工作的体验也相距甚远。因为开始时对专业的不了解，每年的建筑系同学中，都有几位在学了两年之后才发现这并不是自己理想的专业，追悔莫及。对于郑盛远来说，自己最想要了解的，自然是建筑学的学习。他说："周老师是设计院的，所以在这方面能给我们很多的指导。每次和周老师的交流大多也都是关于专业问题的。"

在新生刚进入浙大时，学校就给他们配备了学长组。而由教师担任的"新生之友"，对于学科知识的理解比起学长、学姐们来说要深厚得多，因而在专业的引导上能起到更大的作用。"学长、学姐们能帮助我们尽快适应大学的生活，但是在学科的问题上，'新生之友'能给我们更多帮助，尤其是能让我们了解到，这个学科学出来之后能做什么，以后的工作是怎样的，未来的学科前景如何。这一方面周老师解答了我们很多的疑惑，让我们对自己今后的选择也更清晰。"郑盛远说。

郑盛远对建筑学有浓厚的兴趣，可是对于建筑从业者的实际工作却了解不多。"原来实际工程并不像我们现在的作业一样可以天马行空"，"原来实际操作中要考虑的不仅仅是好看这么简单，还有一大堆规范条文需要遵守"，"原来中国高质量的建筑设计人才是这么稀缺，难怪这是个热门专业"，一连串的"原来"打破了郑同学原来的设想。他说："上课的时候老师都是尽可能激发我们的想象力，实际情况说得不多，周老师给我们补了这一课。"

对于新生在专业方面的疑惑，周老师下了不少功夫。在浙大建筑设计研究院建院 60 周年之际，周老师专门邀请了寝室的几位同学前往杭州美术馆参观设计院纪念展览。这次活动给郑盛远留下了很深的印象。"周老师专门租了校车，带着我们几个寝室 20 多名同学去看展览，之后还去了设计院参观。"对于浙大建筑设计研究院的作品，郑盛远觉得十分钦佩。实际工程中有着规范条文的限制，也有甲方各种各样的要求，可这些都被设计师一一采纳，转换成美观、实用的建筑。"原来安中大楼就是浙大设计院设计的，我觉得这栋房子很有'建工范儿'。"浙大设计院 60 年间的设计作品一一呈现在眼前，那些让人眼花缭乱的优秀建筑作品给了同学们很大的震撼。周老师组织的活动，使同学们第一次与设计单位"零距离接触"。"在没有去看展览和参观之前，自己对今后建筑学方向的选择可能还有一点点不安，但通过周老师安排的这次活动，我想选择学建筑的信念更坚定了。"

善于交流，乐于奉献，做同学的坚强后盾

"新生之友"这个身份，对周家伟老师来说并不陌生。"忙人"周老师已经以"新生之友"的身份在西溪校区与紫金港校区之间来来回回往返了三年。

尽管每次都是百忙之中抽空和同学们交流，周老师仍然对自己的这个身份充满了自豪。"我们作为教育工作者，教书育人就是责任所在。只要学生有需求，我们就愿意尽可能地去帮助他们。"周老师说："大一新生中有很多对自己的未来并不明了，这就需要我们老师来引导，帮助他们确立自己的方向，明白自己的兴趣所在。"虽然浙大的大类招生已经给予了同学们很多选择的机会，但大多数大一新生面对如此多的专业还是会感到迷茫。对于这一点，周老师有着深刻的体会："前年的时候，我做'新生之友'的那个寝室有位同学后来跟我说觉得选错了专业，我觉得这个真是太遗憾了。"周老师说："那个时候分到寝室的同学也不是我相关专业的，我能给他们的指导也比较少，这次是科创大类的寝室，所以自己工作起来也方便了不少，也想多为他们做点事情。"

"新生之友"是一个相对年轻的制度，三年的工作做下来，周老师觉得最重要的就是老师和同学在学科和专业方面的交流："在校园生活方面，老师其实给不了他们太多东西，主要还是专业上的指导，解答他们的疑惑。"

在这一年之中，周老师成了几位同学学业上的坚强后盾。一次，寝室的几位同学向周老师诉苦，说"画法几何"这课有点难，不知怎么才能学好。周老师马上就给大家讲了

他当年学习这门课时的体会和诀窍。几位同学之前有些不理解，为什么现在工作中都是电脑绘图了，我们还要学怎么用铅笔画，经过周老师一番讲解，才知道这门课打的是重要基础，应该引起足够的重视。"比起前两年，今年的几位同学要主动许多。他们只要有问题问，我就很开心。就怕他们什么都问不出来。"

和寝室的几位同学一样，周老师也认为师生间的良好互动是做好"新生之友"工作的关键。大一的新生虽然课业相对轻松一些，但刚刚进入大学还不适应，加上很多校园活动，实际上是一个比较忙碌的阶段。老师忙学生也忙，这就需要好的组织和协调了。"很多时候，老师想联系同学，又怕影响他们的学习，而学生想找老师的时候，也怕耽误了老师的时间，很多交流的机会就这样被浪费掉了，学生的疑惑也没能解答。"周老师觉得，学生要积极、主动，老师也要乐于奉献，这样才能发挥"新生之友"应有的作用。

学生眼中的新生之友

碧峰 3-308 寝室

◎ 王毅超

来到浙大最让人感到亲切和独特的便是浙大的"新生之友"和学长组。较之学长组,"新生之友"给我们带来的更多的可能是长辈的关怀、老师的叮嘱。

考虑到我们寝室中有三个人都打算学建筑,去年中秋节那天,"新生之友"组织我们去看建筑设计展,并且最后赠予我们一盒月饼还有一本建筑作品集。不仅如此,开学之初,我们都有一门作业叫作"职业生涯与规划",我的理想专业是建筑学,而周老师是建筑设计院的部门经理。因此我想找他做一个人物访谈,通过这个访谈,我想对建筑的现实状况进行了解,并得到一些道路上的指引。周老师平时非常忙,并且不常在紫金港校区,那天他刚好来紫金港开会,顺便应我的要求做一个访谈交流,那天中午周老师牺牲了自己的午饭时间和我谈了很多。并向我介绍了建筑业的一些现实状况,也提了很多中肯的建议,让我不仅对建筑专业还有其他专业,甚至以后出国、工作等都有了更多的了解。

那次访谈完后,对耽误老师吃饭时间我感到十分抱歉,周老师不但不怪我，还邀请我去浙大建筑设计研究院参观学习。参观那天，老师也非常忙，要开会，还要抽出时间带我参观，给我做向导，就设计院的工作、制度、流程等做了很详细的介绍。最后老师又百般叮咛我要先学好课程，这些都是学习建筑专业的基础和未来发展的基础，临走时老师又送了我一本最新的建筑杂志，并叮嘱我有什么问题可以随时联系他。

后来老师来紫金港校区，又在百忙之中抽出时间请我们吃饭，解决我们生活和专业上的疑惑。从入学到现在老师挤出自己很多时间，给了我很多帮助，非常感谢学校的"新生之友"制度。

与此同时，我想对周老师真诚地说一声：谢谢您这一年来给我的帮助和关心。

◎ 夏 宇

周老师是一个匆忙的人。我还记得第一次见到他的时候，是在"新生之友"启动大会上。他是匆匆忙忙卡着点进来的，头上还有一点汗水。见到我们后，客气地打了声招呼便入座了。他简单地问了下我们的情况后，嘱咐了几句又匆匆离开了。虽然能够理解设计院老师的繁忙，但是我心中自然也有些疑惑：这样忙碌的老师，能够做好我们的"新生之友"吗？

不过周老师的行为打消了我的疑虑。没过多久，他就邀请我们去参加他们设计院的展览。因为我们大类和这方面相关，因此这样的展览对于我们未来专业方向的选择非常有帮助。结束之后，他还送了我们寝室两本他们建筑设计院的作品集作为纪念。看到作品集上那些前辈们的作品，我对我们这个大类有了一定的信心。

临近中秋，周老师还送了我们寝室一盒月饼。像我这样千里迢迢从外地来到杭州上学的学生，中秋节能吃到几个月饼，实在是一大美事。

之后的很长一段时间，周老师都没有见我们，估计也是因为忙。不过经常在网络上给我们一些学习和生活上的小建议，让我们受益匪浅。

直到这个学期，周老师借着来紫金港校区的机会，请我们寝室的同学在招待餐厅吃了一顿大餐。这期间我们进行了愉快的聊天，详细聊了一下近一年的学校生活和刚刚过去不久的寒假，气氛非常活跃。

总的说来，周老师虽然忙碌，但是确实尽到了一位"新生之友"应尽的责任，我很高兴也很庆幸能在大一有他这样一位"新生之友"。

◎ 徐子帆

周家伟老师是我们的"新生之友"，作为一名建筑系的老师，他在这一年当中给了我们无限的关怀和努力，让我们在刚进入浙大的这一段时期里面能够更好地成长。

刚刚见面的时候，周老师和蔼可亲的面庞就给我留下了极为深刻的印象，他亲切地向我们讲述了科创这个大类各种事情以及浙江大学里面日常的生活、学习内容，还不忘叮嘱我们要好好学习，争取日后为浙大争光。经过老师的教诲，我们更好地了解了浙大，更快地适应了浙大，更快地进入了学习的状态。我十分感谢周老师！周老师还邀请我们去看浙大设计院的展览，虽然我最后因为各种原因没有去，但是我还是感受到了老师对我们的关心之情。

接下来的日子里，老师对我们的要求几乎是有求必应。我们在学习以及生活上遇到的困惑，老师都会一一解答，这对十分繁忙的建筑设计师来说是十分难得的。在中秋节来临之际，老师还为我们送上了新鲜的月饼，让我倍感温暖。

选专业的时段是纠结并且痛苦的，在这一期间，老师给予了我们诚恳的意见，让我们更加轻松地挑选到了自己喜欢的专业。并且在专业确认之后，老师还请我们吃了一顿大餐。在吃饭过程中，老师详尽地为我们说明了我们各自专业的出路和日后的生活，这场晚饭在极为快乐的氛围中结束了。

最后，我要感谢周老师对我们的关心，让我们感受到了无边的温暖。

56

◎ 郑盛远

说起周家伟老师，总会想起谦和、热情、严谨几个词语。我个人觉得非常幸运能遇到这么好的"新生之友"。在我看来，浙江大学能在新生入学的时候有"新生之友"制度真的帮助很大。毕竟作为一个 freshman，在刚刚踏入大学的时候总是有些茫然，需要有个人能做指引，而周老师就是这样的一个引路人。

记得在学期开始的时候，也就是军训快结束的一天，就在一次"新生之友"见面会上和周老师见面了。因为我本身就是为了读建筑来的科创，于是向他咨询了很多关于建筑行业的问题。

最有收获的一次是周老师组织的浙大设计院之行。在活动中，我们包车去了浙江美术馆参观"浙大建筑设计研究院建院 60 周年作品展"，可以说是第一次近距离接触所谓"建筑"的概念。在展览中我们了解到浙大建筑设计院在全国乃至世界各地的作品，一排排的模型制作非常精致，可谓大开眼界。

接下来就到了浙大设计院，周老师带我们参观了设计院的工作环境。在会议室里，周老师以及几个老师给我们讲了关于建筑行业、设计院的那些事，也和大家做了很多交流，我们都觉得收获很大。回程的时候还给我们每个人发了一些设计院的展览作品集，作为留念。

周老师说，我们以后如果有问题可以尽管联系他。最近我打算去设计院做一次暑期社会实践——校友行，相信能有好的效果。

57

周家伟老师

"人格魅力"
满满的专业导航人

——记环资学院"新生之友"吴良欢老师

吴良欢，环资学院教授，浙江省奉化市人。自2013年9月开始，担任紫云3舍220寝室的"新生之友"。在担任"新生之友"的这段时间里，吴老师通过电话、面谈和网络交流等形式，为新生适应大学生活与学习起到了不可忽视的作用。作为一名长期从事土壤与植物营养领域教学、科研与成果推广的教育工作者，吴老师对担任"新生之友"这件事非常乐意，并且经常将自己的学习、工作经验及体会与新生分享。吴老师希望通过与新生的交流，帮助他们切实解决问题，建立起沟通的桥梁，同时师生之间相互促进，共同提高。

在与新生的多次见面与交流中，吴老师也从新生身上追忆了年轻的自己，从他们身上看到了蓬勃的青春和希望。他表示如若有机会，非常乐意再次做"新生之友"。

文／郑子懿

"吴老师很有人格魅力，记得第一次他来我们寝室聊天，那时候我们对应用生物大类的专业几乎一无所知，老师就挨个给我们介绍每个专业是做什么的。简单、通俗的叙述让原本没有基础的我们也觉得环境资源方面的专业知识有趣、易懂。"赵康宁回忆起和吴老师初识时的感觉，还是满满的敬佩之情。

吴老师主要从事植物有机营养与食品安全、养分资源综合管理、新型肥料研制与工程技术、生物试验设计与统计等研究，日日与"土地"打交道的他不仅要泡在实验室和办公室里，更多的时间都要"下田"。虽然科研和教研任务重，经常出差实践，但每次"新生之友"结对寝室的同学有何困惑，他都尽量抽空出来跟孩子们聊聊天儿。

"我女儿跟他们差不多大，所以每次看到他们都觉得像看到自己孩子一样，想要给他们帮助和鼓励。"因此他也将自己"新生之友"的角色定位为"良师益友"，和几个孩子的相处过程中也是处处这样实践的。当"新生之友"的一年来，吴老师这位和善的"爸爸"和应生大类的 4 个男子汉一共接触了 15 次左右，在困惑于大类培养、纠结于专业选择时，吴老师一直在他们身边。

环资专业是干什么的？

"环资专业具体是学习哪些课程，以后又有哪些出路呢？"大一春学期末的那段时间是黄晋最焦虑和迷茫的时期，面临从大类九个专业里面挑选自己最心仪专业的问题，对专业几乎没什么了解的他只好求助于吴老师。

"那时候，我在想，学长组里面的学长、学姐刚刚大二，他们修读的专业课程也并不多，不能给我提供深入的建议。而每个专业的宣讲会又常常流于形式，过于宽泛和概括，有'王婆卖瓜'的嫌疑，不能让我全面了解一个专业。"于是黄晋联系了吴老师，希望老师给他讲讲"环资"这个专业。

第一次去老师办公室跟他询问专业，正值黄晋参加学校演讲比赛和准备期末考试的时间，中午11：25下了课而下午13：15又有课的他正考虑什么时候去找老师比较好的时候，同样忙碌的吴老师热情地招呼他12：30去办公室聊聊。

吴老师告诉他现在农业资源与环境专业教学内容主要包括土水资源与环境、植物营养与施肥、农业遥感技术研究与应用等方面，而本科毕业之后的出路也越来越多，很多学长、学姐毕业后去了国土局等相关部门，也有人出国深造或者读研。"很多人对'农'字头的专业有认识误区，很多家长认为孩子从农村出来不应该又学与农业相关的专业而回到农村。其实现在'三农'问题越来越受到重视，学习这方面的技能也是非常有前景的。"当然，令黄晋非常敬佩和感激的一点就是吴老师对自己从事的专业并不是一味地讲优点，而是详细、客观地为黄晋分析优缺点，让他可以更好地做出自己的选择。

选专业的这段时间里，黄晋与吴老师见了好几次面，一开始黄晋有些拘谨，后来就慢慢与老师熟悉起来，两人经常在老师办公室里相谈甚欢。"有一天我联系的一位新生打电话问询专业选择，后又再三约时间见面，要我写推荐信，迫切要求进入我所从事的专业学习，并谈及今后的学习打算，表达决心及考研愿望，使我深受感动，挺有成就感的。仿佛一颗专业新星就要诞生了。"看来，感动是双方的，不仅仅受益者心怀感激，吴老师也从中获得满足的快乐。

也是家长之友：和家长一起为孩子规划未来

除了扮演好良师益友的角色，吴老师还承担了一部分"班主任"的职责：跟新生家长保持密切联系，就学生的学业和生活问题交换看法。其实，上大学之后，很多家长对孩子的管教放松了，加上大学校园里自由的风气，家长和老师的联系就更少了。

结对寝室里黄晋的爸妈早在开学之初就知道了"新生之友"的存在，对孩子未来规划十分在意的他们特地留下了吴老师的电话号码。遇到选专业和辅修问题，他们就跟吴老师共同为黄晋的未来规划参谋。"爸爸、妈妈和我在专业选择等未来规划问题上的角度很不一样，比如我会侧重于要修读哪些课程、学习哪些知识，而爸妈会关心出路与就业问题，而吴教授是我在专业选择问题上接触最多的老师，自然而然，爸妈会就感到困惑的地方咨询老师。"黄晋如是说。

"黄晋的爸爸挺关心孩子的学习，平常还会经常给我打电话问问黄晋的情况，"谈及担任"新生之友"一年时间内的感受时，吴老师也有自己的想法和感悟，"自己工作忙，新生学习也很忙，很难找到自己方便而所有同学都在寝室的共同时间，只能尽量寻找机会。""所以当黄晋爸爸主动和我交流时，我不禁想到'新生之友'也应该是家长之友，从侧面和家长的渠道为孩子们提供帮助。"

家长和"新生之友"之间的交流是社会阅历丰富的成年人间的交流，他们共同帮助刚刚踏入大学校门的孩子们更好地适应新环境，虽然这并不是"新生之友"的本职工作，它的的确确能为"新生之友"实现其设立目标提供素材与灵感。

"适合自己的才是最好的"

挑选专业、课程选择，在这些问题上，吴老师常常和几位同学交换意见，当然，他不仅仅是专业导航人，还充当着"指引人生态度"的慈父角色。

一次黄晋大学计算机基础考砸了，心情十分差，想到教课的老师平常讲课的内容和考试的内容基本不一致，这让计算机基础比较差的他该如何是好呢？这时候，他又想到了不论什么事情都会给予他们帮助和鼓励的吴老师。

"大学不像中学时代，老师不会围绕着考试的知识点来一步步详细讲解。更多的是靠自学。你需要主动去适应老师。"大学老师的授课风格各异，吴老师给他的建议是多和学长、学姐沟通沟通，根据他们的经验介绍，根据自己喜欢的老师的风格来选择课程。

面谈、电话、电子邮件、短信，新生咨询、专业介绍、工作体会、生活感悟与经验、人生态度以及工作与生活趣事，这是吴老师第二期"新生之友"工作的核心内容了。从新生开始，培养他们的专业兴趣，爱校敬业，是他为自己作为专业导航人的朴素定位。而几位新生对老师最深刻的印象就是他满满的人格魅力。

"老师常常鼓励我们选择自己喜欢的专业，最适合自己的才是最好的。"陈帜想起这一片段就觉得老师很亲近。

另一个小伙子赵康宁则感慨吴老师是他们大一生活中不可或缺的人。"他很赞！""第一次吴教授来我们寝室就给我们讲了一些有关化肥的基础知识，很浅显所以我们都能听懂。当然还神采飞扬地讲述了他下田的亲身经历，像采集数据啦、各类产品使用的体验啦，让我们觉得理论和实际紧密结合的这门学科非常令人向往。"

学生眼中的
新生之友

紫云 3-220 寝室

◎ 陈 帜

当我第一次知道"新生之友"这一寝室联系制度时还有些茫然，也并不知道这一制度具体的开展方式。然而当我接到寝室室友的电话让我赶紧赶回寝室，告诉我寝室的"新生之友"吴良欢教授已经坐在寝室里等候的时候，我大概开始有点明白学校为何要精心制定这样的制度。

当我回到寝室时另外三个室友已经和吴教授相谈甚欢，吴教授并没有如我想象中的太多地关注和询问我们是否有学习上的问题，毕竟我们才踏入大学校园不久，反而是真诚地带领着我们展望农学专业的未来发展和就业方向。吴教授作为环境与资源学院资源科学系教授，向我们简单说明了浙江周边的土壤各方面的现状，并介绍了他目前在进行的科研项目，详细地解释了环资专业的发展潜力和未来可能的发展方向，以及就读环资专业后可能的出路和学长、学姐现在获得的成就。吴教授与我们畅谈大学生活，帮助我们规划人生理想，没有半分我想象中的教授的架子，反而如一位挚友般亲切、可爱。

浙江大学作为一所名牌大学，通过学长组、"新生之友"等等活动和制度，切实地让我们感受到了学校对我们新生的关怀和温暖。"新生之友"寝室联系制度帮助我树立了大学生活的目标，减轻了不少新入学时的迷茫。吴教授离开前对我们说："我在环资学院欢迎你们的到来。"寝室四人相视一笑，和吴教授这位可敬、可爱的"新生之友"挥手告别。

◎ **胡景辉**

吴良欢教授虽然担任我们寝室的"新生之友"只有短短一年的时间，而且平时我们之间的接触也不是很多，但我觉得吴教授是一位非常和蔼可亲的长辈。

在我眼里，吴教授对我们都很好，记得有一次同他的谈话中我们提及他所研究的方向时，吴教授不厌其烦地把很难理解的东西解释得生动明了，我想吴教授不仅是个敬业的教授还是一个能和同学们打成一片的好老师，在我眼里吴教授总是那么平易近人。或许当我们提到大学教授时总觉得特别"高大上"，但经过与吴教授的交谈后我发现了其实吴教授也是很朴实的，并没有因为自己是教授就摆出一副高高在上的样子，而是对我们都很亲切，对我们不太懂的地方都进行了耐心细致的指导。对于我们在大学生活中所遇到的一些困惑，吴老师也非常乐意与我们一起探究解决办法，而且结合自身的经验给我们新生提出了宝贵的建议和忠告。

最后再说说我自己对于吴老师的一些看法，作为求学的学生我对于吴老师心存敬意，我想老师之所以能成为著名大学的教授自然有其独特之处。随着我对吴老师的认识进一步加深，这种想法得到了验证。不能否认，吴老师在我整个大一学习与生活过程中对我有很大的帮助。这就是我的"新生之友"，一个平凡却又不平凡的人。

◎ 黄 晋

一说到"新生之友"，就不禁会让我想起刚刚入学时的情景。那时的我们，懵懵懂懂，就像一个刚出生的小鸟第一次飞出鸟巢，对任何事物充满着新奇与期待。但是在这背后，又难免会有淡淡的惶恐与担心。惶恐自己在大学的第一个学期就遇到苦难，担心自己会处理不好各种大大小小的事情……总之，作为新生的我们难免有些惴惴不安，但是学校的一项项帮助新生尽早适应大学生活的制度让我们逐渐放宽了心，紧张情绪慢慢平息了。其中对我影响最大的就是"新生之友"制度吧！

还记得当时是在军训的时候，辅导员发给我们每个寝室一张"新生之友"的信息，拿到信息的我们当时还有点小忐忑，一直在讨论第一句话应该怎样问候这位教授，接下来聊些什么……可当接通电话，向老师介绍了我们之后，教授的平易近人让我们紧张感顿时全都消失了，剩下的只有满满的被问候所带来的温暖。第一次交谈我们就在电话里和教授聊了很久，从起先的羞涩到后来的主动询问，我们和这位"新生之友"慢慢熟络起来。后来的几次通话，教授的问候总是如潮水般涌来，那抑制不住的激动也让我们放开了胆子和教授畅谈。

终于，教授第一次出现在我们的眼前了。他一米七左右的个子，圆脸，一见面就给我们一种安全感。坐在寝室的床上，教授对我们嘘寒问暖，聊聊我们一个月的大学生活，聊聊学习体会……最后教授还给我聊起了他的大学故事！时间总是短暂的，一个多小时后教授便有事离开了。但是从这以后，我们与教授的交流就越来越多了，有事情就问问"新生之友"好像成了一个习惯，就像我前段时间专业确认时也还向教授请教了呢。

多谢您，吴教授！虽然短短的一年时光即将过去，但是我相信我们和您早已不仅仅是师生，我们早已把您当成了无话不谈的知心朋友！

◎ 赵康宁

不知道人们是否都相信缘分，相信茫茫人海中一定会有一个人，他会在你需要的时候给予你最大的帮助。当初刚进校的我们，恰恰需要这样一个角色，能够向我们提供生活、学习、就业等多方面问题的回答，而我们的"新生之友"吴教授，正是这样一个人。

我们与吴教授进行过一次愉快的交谈。吴教授给人的第一印象便是：与人和善、和蔼可亲、知识渊博、术业精通，后来在交谈中也印证了这一点。他的脸上总是带着温暖的笑容，仔细并且耐心地回答我们关于生活、学习方面的每一个问题与疑惑，同时，他也向我们细致但精练地讲述了关于以后科研、就业的问题。他善于举例子、做比较，用一种通俗易懂的语言让我们更加了解这些问题。我们不仅得到了问题的解答，也得到了细化的指点，着实受益匪浅。

毫不夸张地说，吴教授在我们最需要的时候给予了我们莫大的帮助，为我们在大学的道路上点燃了一盏明亮的灯，照亮了更多的梦想与可能。

此外，我还觉得，吴教授更印证了"新生之友"的"友"字，他在给予我们建议的同时，又不会让我们产生距离感，反而让我们真真切切地觉得他就是我们新生的朋友。

最后，很感谢吴教授，也很感谢"新生之友"这项制度，让我们拥有一个这么赞的"新生之友"。

吴良欢老师

"新生之友就是学生的朋友"

——记光电系"新生之友"高士明老师

高士明，男，博士，教授。2011年入选"求是青年学者"，2011年获得浙江省高校科研成果奖，2012年获得中国仪器仪表学会"金国藩青年学子奖学金"，2013年入选"浙江省151人才工程"第三层次。主要研究非线性光学、光通信系统及器件等，发表SCI论文50多篇，授权中国发明专利8项，承担了国家自然科学基金等多个科研项目。作为"新生之友"，高老师认为主要是针对新同学在学业、思想、生活上遇到的问题和困惑给予帮助和人文关怀，亦师亦友，协助新同学合理度过大学生活的起始阶段。

辅导员、班主任、"新生之友"……为了让同学们能够在求是园中健康成长，学校配备了齐全的师资力量，让同学们在生活中遇到的各种问题基本上都能得到解决。而在高老师眼中，"新生之友"相较于前两者对于学生而言是一种自由的组织，更是一种亦师亦友的联系。"新生之友"的重点不在具体事务，而是默默地关注着学生的成长，让他们自己品味自己的大学生活，当他们迷茫时给个建议，当他们疲惫时给点温暖。

70

"大学需要自己体会才知道"

"第一次见面是在学校的'新生之友'启动仪式上。"高老师回忆道，当时在临水报告厅中，高老师同自己结对的寝室一起听了金德水书记与往期优秀"新生之友"的讲座，然后高老师便和四位同学一起在启真湖畔开始了第一次交谈，了解他们对于大学的看法。

"那次聊天，高老师为我们讲解了如何学好专业的主课、选专业的相关政策、各个专业的研究方向等等，我们也和老师讲了自己的简单的人生规划和对大学的看法。高老师是一个喜欢倾听的人，他对我们每个人的想法都很赞同，希望我们按照自己的想法坚持下去。"金宵明说道。

在这第一次的交谈中，高老师印象最深的是这些孩子对大学的理解。"他们听了很多人讲过关于大学的很多东西，慢慢形成了自己的看法，比如高中的老师可能会告诉他们大学就是来玩的，学长组会说在大学里学习很重要，还有很多人会告诉他们在大学里生活是丰富多彩的，社团很多想玩什么几乎都可以尽兴，这些说法是从不同角度出发，有些甚至相互矛盾，但都影响了他们对大学的理解。"在高老师的眼中，一个学生对于大学的感受，只有等他们过完了才能真正体会到。

让学生自己体会大学生活，也是高老师在开展"新生之友"工作时一直坚持的一条准则。比如当学生在选专业的时候，高老师没有给学生提出自己的建议与看法，而是尽可能多地为学生提供自己所能够掌握的各个专业的信息，为同学们解答他们对于各个专业研究领域、发展方向的问题。对于学业与生活上的问题，高老师也是希望学生们能够自己提出问题，然后再耐心地解答这些问题。

"不刻意去打扰学生"

高老师在开展"新生之友"工作的时候，还有一条原则就是尽量不刻意去打扰学生，让学生过自己的大学生活。"因为在他的大学生活中，有学习、有社团，他们的大学生活本来就比较充实。"学生有自己的同学、朋友、家人与他一起分享快乐、分担烦恼，还有辅导员的照顾与班主任的嘱托，在这样的情况下"新生之友"如果刻意地去干涉学生的生活便显得有些突兀，甚至会打扰学生自由的生活。

同时，高老师还回忆起了自己的大学生活，当时管理学生的只有一位班主任，而且在学生们慢慢熟悉了大学生活后，班主任也逐渐淡出，学生们开始了独立的生活，在遇到问题后都尽量通过自己的力量来解决，学生的管理工作也都是由班长来完成。虽然时代不同，但是高老师依旧相信现在的学生，特别是浙大的学生是可以解决好自己生活上的问题的，这也是他们成长路上必须要经历的一段。而自己作为"新生之友"，是以朋友的身份陪伴在学生身边，没有必要过于担心他们的生活，更不要去打扰他们的生活，否则学生的成长反而受到了干扰。最好的"新生之友"就是要将自己定位成朋友，平时默默地关注这些"小朋友"，在他们需要朋友帮忙的时候随叫随到并且尽自己最大的努力来帮助他们，在他们向自己倾诉的时候做个忠实的倾听者。

"学生需要的是一个和他一起承担压力的人"

从高中到大学，生活环境和思想状态突然有了巨大变化，学生面对的已经不只是学业上的压力，做出抉择也不再像以往做选择题一样只要考虑正确答案即可，每个选择都会导致不同的结果，这些结果的未知很容易让我们陷入迷茫。高老师作为"新生之友"常常遇到学生向他讲述自己的选择问题，征求老师的意见，甚至希望老师为他们做一个决定。"很多时候学生知道自己想要做出什么样的抉择，但是他们会向你征求意见，因为他们需要你帮他们一起承担做出这样的决定产生的压力。"所以高老师不会直接为学生提出自己的看法，而是引导学生做出自己的决定，这样学生感受到自己是在老师的指引下做出决定，老师分担了自己的压力，这样抉择的结果无论怎样，老师都会继续帮助自己，而不是在出现了问题时指责自己。

比如对自己未来的规划，是成为一名致力于科研的学者还是到社会上、企业中打拼，抑或是考取公务员，不同的人生规划意味着不同的人生道路，这样重要的人生规划当然要由最了解自己的长处与短处、最懂自己需求的人来制订，这样的人也就是我们自己。其实每个人都会对自己的人生有一个预期，但是往往担心这样的目标没有办法获得别人的认可而不敢放手去追求。作为朋友，和他一起分担做决定的压力往往能够融化那块阻挡学生说出自己梦想的坚冰，从而让学生大胆规划、大胆去做、达成目标。

"自己有时间不代表学生有时间"

光电 1204 班班主任、教授专业课、光及电磁波研究中心的科研工作、2013 级"新生之友"……高老师身兼数职，他也常常在这些身份中进行转换，不仅十分忙碌，也十分劳累。曾经有一次四位学生一起提议想要请高老师吃饭，感谢高老师作为"新生之友"对他们的照顾，高老师十分感动，但是因为自己的科研工作迫在眉睫，所以很遗憾没法赴约。

但是即使是处于非常忙碌的时候，如果自己结对的四位同学提出了问题需要自己帮助解答或者是出现了问题希望自己提出建议，高老师就会在第一时间答复同学。"自己有时间的时候不代表学生有时间，我们'新生之友'是要为学生们服务的，所以在学生提出需求的时候，就要尽快为他们解决问题。"高老师说道，就是这样的一个原则，同学们都非常乐意通过网络和高老师进行交流，因为他就是一个真正的朋友，时刻都能与自己交流或是帮助自己。

最后，高老师说道："'新生之友'就是朋友，不要和老师混淆，如果在我的课堂上，他们会是我的学生，但是在生活中我就是他们的朋友。"就是这样的心态使得高老师在"新生之友"的工作中也是乐在其中。新的学年高老师将继续担任"新生之友"，和更多、更年轻的同学成为朋友。

学生眼中的新生之友

碧峰 1-401 寝室

◎ 金霄明

我们碧峰 1-401 室的"新生之友"是来自光电系的高士明老师。

就我个人来说，作为立志要报名光电系的一名工信学子，光电系的副教授、"新生之友"高老师在大一阶段给我的帮助很多很多。在第一次"新生之友"见面大会上，我们寝室几位同学和高老师就有了初步的交流。

我们咨询了光电系的专业方向，也谈了谈各自对工信大类其他几个专业的认识和了解，说实在的，刚进入浙大的我们对于专业信息几乎是两眼一抹黑，什么都不明白，高老师的话犹如一盏明灯，照亮了我们前方的路。脸上一直带着富有亲和力笑容的高老师当然也不会止步于专业知识的交流，也告诉了我们一些在紫金港校区的生活经验，以及从前的学长们反馈给他的一些对我们来说很有借鉴意义的信息。虽然这次交流的时间并不长，但是让我们受益匪浅。

再后来，光电系的"新生之友"们组织了一次大型"新生之友"见面会，附带地参观了光电系在紫金港校区的实验室。我们的"新生之友"高老师也很负责任地没有缺席，在大会上和我们坐在一起，在交流环节中与我们亲切、融洽地交谈，询问了我们的日常学习、生活情况。之后我们四位同学在高老师的带领下参观了光电系的实验室。看着那些"高大上"的设备，我们不禁啧啧称奇，而高老师也顺势给我们讲解了许多知识。参观完实验室之后，我们和高老师一起用餐，度过了一个愉快的周末。

我们的"新生之友"高老师认真负责，和蔼可亲，给我们带来了许多帮助。我觉得下一届的学弟如果由他担任"新生之友"的话，必然是很幸运的一件事吧！

◎ 李昂诺

可曾听说过"我们寝室的导师"这一新奇的称呼？起初，"新生之友"这个亲切而地道的名字很容易使我联想起学长组，把他们归类在一起，然而，当我们第一次接触到高老师之后才发觉到，与长辈交流会获得与学长的交流不一样的体验。学长们活力四射，说话文采飞扬，"新生之友"的行事作风则是大巧不工，沉稳内敛。一张一弛间，我们可以从不同的侧面更加直观地看到大学的方方面面，而不仅仅是管中窥豹。

在"新生之友"的见会面上，也就是我们与高老师的第一次会面中，我们畅所欲言，仿佛并不存在年龄的隔阂。高老师本身学识渊博，结合他在浙大学习的个人经历，教导我们如何正确地安排好学习与生活，指引我们如何走进科研的世界。并且，由于进入大学已经有一段时日了，我们对大学的生活也有了一部分自己的体验，许多积攒的疑惑之处在交流中与老师说的相印证，我们都有茅塞顿开的感觉。那天中午，阳光正好，云淡风轻，我们尽情交流自己的感想；那天中午，我们仿佛成了忘年交，抛开了老师这个严肃的光环，各自心中荡漾出了一丝亲切的、自由的、与考试无关、富有生活气息的涟漪。

之后，随着我们之间的联络与交流更加频繁地展开，我们对"新生之友"有了更加深入的了解，也越来越深切地感受到这个活动背后的意义。相对于面向整个班级的班主任来说，"新生之友"无疑可以更加贴近学生、了解学生，从而帮助学生、指导学生。在这个活动中，老师们不再是站在讲台之上，而是走进同学之间，老师对我们的学习指导也有着更强烈的针对性。每一次的接触，我都会有不一样的感触与收获，这对于我整个大学生涯无疑有着十分重要的意义。

◎ 罗钱鑫

刚进大学的时候，因为学习环境和生活环境的巨大改变，所以对大学的一切感到很新奇，但也感到很迷茫，大一要选什么课，要参加什么社团，大一下学期要选什么专业……这一个个问题都困扰着刚进大学的我。

开学后过了几天，突然接到学校的通知，说已经给我们寝室安排了"新生之友"，让我们寝室成员去参加"新生之友"见面会。在这一次见面会上，我们寝室四个成员见到了我们的"新生之友"——光电工程学系的副教授高士明老师，一个高高瘦瘦的热心男老师。在随后的交流会上，高老师向我们详细介绍了他的个人信息，例如他所在的专业、他的主要研究方向等等，同时还向我们介绍了他自己的大学经历、他自己在大学期间所遇到过的问题和这些问题的解决方案。我们也向高老师提出了我们所感兴趣的问题，例如大学期间应该如何选课、大二应该选什么专业等等，高老师对我们提出的问题一一解答，在选专业问题上，高老师对我们建议还是按照自己的兴趣去选择自己的专业，并且向我们详细介绍了光电的发展方向、目前世界上光电的前沿动态和浙大光电系的主要研究方向等等。我想，我最后选择了光电这个专业与当时老师的详细讲解不无关系。在随后的几次交流中，高老师带我们参观了光电的实验室，并对我们的学习、生活提出了建议，在高老师的帮助下，我获益匪浅。

◎ 王春尧

刚进大学的时候，因为学习环境和生活环境的巨大改变，我感到非常不适应。大学的一切都需要我们自己来管理和规划。如何更快地融入大学生活，我们的"新生之友"工作可谓是功不可没。"新生之友"虽然是老师，但是从命名就可以看出是以朋友的方式来给我们进行引导的。

我们的"新生之友"高士明老师是光电信息工程学系的一名出色的副教授。高老师初次见面就给了我们非常多的建议和指导，给我们留下了非常深刻的印象。高老师和我们分享了他本人对大学生活的理解和感悟，同时在我们还没有真正融入大学生活的时候就给我们具体地讲了大学生活的点点滴滴。同时高老师也给我们讲解了许多和光电信息工程学系有关的信息，例如浙江大学光电信息工程学系的研究方向和世界上关于光电信息工程学的发展前景和发展方向。后来高老师又带领我们参观了在紫金港校区东5教学楼的光电工程学系的硕士生、博士生实验室，然后又在蒙民伟楼139室举行了光电信息工程学系的专题分享会，期间来自光电信息工程学系的优秀学长和学姐们分享了自己在光电信息工程学系的学习经历和学习感悟，我收获非常多。

我们学校的"新生之友"制度让我收获颇丰。

高士明老师和结对新生

"晓武哥"：亦师亦友的学长

——记药学院"新生之友"董晓武老师

董晓武，博士，讲师，2013级新生蓝田6舍2043寝室"新生之友"。2004年毕业于浙江大学药学院药剂专业，2009年6月获医学博士学位，同年留校进行博士后研究，出站后留校任教，期间（2011—2013年）赴香港大学从事博士后研究。主要研究方向：抗肿瘤及心血管疾病药物的研发、杂环化合物合成方法学研究。曾先后主持国家和省部级科研项目4项，SCI收录学术论文35篇，获省科技进步奖1项。通过"新生之友"活动，董晓武老师与同学们在学习、寝室文化、药学背景介绍和人生追求等方面进行了深入的交流，且相互之间形成了亦师亦友的良好关系，为他们尽快地融入大学生活提供了良好的交流平台。

文 / 徐金佳

静静的夏日夜晚，药学院大楼五楼的办公室还亮着灯光。"晓武哥，这篇文章的观点和你一致诶"，"董老师，这题你帮我看一下吧"，夜晚的办公室里不时传出阵阵交谈声，欢笑声。每个月，董晓武老师和他所带的四位新生都会聚集在这里，分享生活点滴，交流学习经验。

初识董老师，他架着一副眼镜，白皙而略带书生气的脸上满是笑容，平易近人好像有种学长兼邻家哥哥的感觉。朴素、简易的小办公室里摆着两个柜子与两张办公桌，橱柜的玻璃上写满了化学公式，顺着扑鼻的药味的指引，可以看到对面堆满器材的药学实验室。"第一次来药学院吧，来，请坐。"晓武哥起身亲切地招呼我坐下。

一位学长

"他们在我这里都很随意。"董老师说。学院的学生们都喜欢叫他"晓武哥"，董老师也自称学长，在浙大多年的学习经历让他很快就和学生们打成了一片。

作为蓝田学园 6 舍 2043 寝室的"新生之友"，董老师对自己带的四个新生沈超、董俊、谢佳烽和方翌啸的情况可谓了如指掌。一开学，晓武哥就给四人布置了一篇名为"我的大学，我的专业"的命题作文。他惊讶地发现学生董俊的作文开头竟然是"我要转专业"。一开学就想转专业，是因为不喜欢这个专业？或是因为对专业不了解？晓武哥心中打了一个大大的问号。

随后，晓武哥特意找董俊单独聊天，试着想了解他的想法。"董俊其实是一个非常活跃的同学，也很热衷于科研，想转专业很大原因是出于对药学专业的不了解。"知晓了原因后，晓武哥带着大家进行了药学入门的实践学习，同时在"药学科研实训"课程中从专业的角度对他们进行指导，"我要让他们了解真正的药学专业"。在董老师的引导下，董俊慢慢地扭转了自己的看法，他开始积极地加入晓武哥的实验室，并对所在的专业渐渐产生了兴趣，在与晓武哥的一次促膝长谈后更是彻底改变了自己之前的专业认知与人生规划。

现在的董俊，不仅目标明确，也非常热爱自己的专业，平时有事没事就跑实验室，开心地学习并努力着。在与晓武哥的交谈中，他更加明确了自己出国深造的目标。用董俊的话说："听晓武哥上课绝对不会让人产生困意，听得进去。他对电脑等高科技技术的教学也颇具特色，是个名副其实的学术超男。"平日里，晓武哥也常常与这几个学生分享自己的亲身经历，让他们对自己的生涯有了更好的规划。

作为大一新生，他们没有专业课本，董老师常常会慷慨地借出自己的专业书籍供他们学习。而在药物化学方面，董老师也常向他们推荐相关的阅读书籍，给他们补充专业知识。"大一的学生需要尽快地适应专业学习，同时制定好人生规划，我一直提醒他们抓好学习成绩，学好英语，这样才能在将来的保研、出国、择业上有更多的选择。"

一次长谈

成为"新生之友"，是董老师感到非常庆幸的事。"大一是非常关键的一年，大家刚进浙大，都是天之骄子，然而大学教育不同于高中填鸭式的教育，从应试到宽松的学习氛围，很多同学往往都不能主动地进行学习。'新生之友'的建立，让我以一个过来人的经验去指导他们，希望给他们更多的帮助。"

晓武哥与四位新生每一次的沟通交流都令同学们受益匪浅。晓武哥平时主要通过 QQ 群与他们交流，面对面的沟通也时常进行。晓武哥常年在实验室工作到深夜，只要去实验室，总能发现晓武哥的身影。晚上同学们课程少，有闲暇时间便会去看看晓武哥。由于大家都是男生，沟通完全无障碍，每次不知不觉就聊到了深夜，每次长谈都会持续三个小时左右。"话匣子打开了，就会有说不完的话题。"谈到兴奋之处，晓武哥还会用专门的"展示板"给大家进行解答。这是晓武哥独门的办公室教学秘籍，由于办公室比较小，也没有黑板，让大家展示自己的想法及为大家解答的过程就都写在了橱柜的玻璃门上，每次看着橱窗玻璃上满满的笔记，大家心里很有成就感。

这四名学生给董晓武老师留下了不同的印象，用他的话说，分别是"内向的学霸"、"活跃的少年"、"写得一手好字"、"人生定位明确"。"遇到相对内向的同学，聊三个多小时基本都不发一言，我也有我自己的对策，"晓武哥笑着说，"我认为性格内向并不是不能改变的，以前的我也非常内向，但自从稀里糊涂地当上班长之后，我的语言能力及性格等方面都有了明显的提高和改变。"为此，他建议相对沉默的学霸沈超和谢佳烽多参与社团活动，锻炼社交能力。

"不同类型的学生需要不同的引导方式。但是对所有的学生来说，都需要让他们知道专业是干什么的，将来能有什么出路，然后逐渐培养起他们的兴趣，树立阶段性目标，分阶段实施，才能更好地完成学业，实现人生目标。"晓武哥说。

一个惊喜

84

教与学是个互动的过程。除了晓武哥对四位新生的指导，药学院每年也会组织各类主题活动。在2013年11月药学院组织的"'新生之友'成长历程回访，药学雏鹰未来人生规划"活动中，四位新生积极参与，很快完成了对晓武哥的采访，并提出了对自己人生规划的初步设想。四位羞涩的男生还为晓武哥精心挑选了小礼物。在采访中，晓武哥满脸幸福地拿起椅子上的坐垫向我炫耀："这就是他们四个小子给我买的礼物，也许是我常年坐着的原因，他们就给我买了个坐垫。"从他那满脸的笑容和幸福感足以看出学生在他心中的地位，"收到学生的礼物实属意外之喜"。也许男生给人的感觉一直是粗枝大叶的，偶尔的温暖与关心似一阵暖流温暖了老师的心田。

"大一是非常重要的一年，如果能给迷茫的大一学生点一盏明灯，那未来三年的路也会走得更为顺利。"董老师说道。一学期就要结束了，蓝田学园的这四位同学的GPA^①都达到了3.5以上，其中两名同学更达到了4.0以上，这些成绩与晓武哥对同学们在学业上的严厉指导和专业上的引导是分不开的。

年轻的董老师与四位男生亦师亦友的陪伴让这四个刚进大学的男生对专业、对学习、对人生有了更深入的了解和认识。在他们看来，"晓武哥就似一盏人生路上的明灯，一直照耀着我们"。

董晓武老师

---

① GPA：平均学分绩点，浙大 3.5 的 GPA 相当于百分制 80。

学生眼中的
新生之友

蓝田6-2043寝室

◎ 董 俊

董老师作为我们的"新生之友"与我们的交流很多，也为我们提供了许多的帮助。在人生规划上，老师向我们讲述了他成长之路的点点滴滴，同时也给了我们许多的建议，我们从中获益匪浅，对于自己将来要走的路有了进一步认识。董老师常常在我们学习上、生活上给予关心，与我们打成一片，师生关系十分融洽。老师也为我们提供了一些提前参与实验的机会、邀请我们旁听课题组的组会，让我们提前感受了实验室生活，提前学习到各种将来需要的知识，也使得我们对将来要选择的专业更加了解，在选择专业时不再感到迷茫。

我们并不经常主动与董老师联系，大多是董老师主动联系我们，每次交流都十分深刻，内容上也无微不至，交流的气氛轻松、愉悦，每个人都能表达自己的看法，也会分享最近遇到的问题，并获得老师的建议。

在一些开放性比较大的课程（如"思修"①、"药物实训"

---

① 思修：指的是"思想道德修养与法律基础"这门课程。

等）中有一些需要采访老师或是向老师咨询的课题，董老师每次都挤出时间积极配合我们，给了我们许多的帮助。

来到浙大已经快一年了，大概是大类培养以及自由选课的缘故，我们对于班级的归属感不够强，可以说对我们帮助最大的不是班级而是"新生之友"，这一点我们着实感谢这个制度以及给予我们无微不至关怀的董老师。

◎ 方翌啸

我们寝室的"新生之友"董晓武老师十分关心我们寝室四位同学的学习和生活。记得在去年刚进浙大的时候，董老师经常找我们到他的办公室聊天。他对我们讲述他当初在浙大时的一些生活和学习经历，以此来教导和告诫我们，使我们的大学生活能更加充实。董老师还对我们每个人的学习状况都非常关注，令我印象非常深的一次是在大一期末考试的时候，他说只要我们寝室四个人没有人挂科，下学期就请我们去吃大排档。这给了我们很大的动力，结果我们做到了，大家都没有一门科目挂科，但是后来请客却因为各种事耽搁了。不过我相信董老师会兑现的，哈哈！

记得在大一下学期主修专业预确认的时候，我再三考虑后决定转专业，董老师知道后马上叫我去他的办公室，为我分析各个专业的利弊，并以他的亲身经历来开导我，让我慎重选择，那一晚上的谈话让我理智了很多，避免了一时的头脑发热，在此我十分感激。

总的来说，董老师是一位称职的"新生之友"，在我们对大学生活感到迷惘时，他帮助我们顺利地度过了大一关键的一年，使我们少走了很多弯路，我十分感谢他！

◎ 沈 超

正如"新生之友"之名，"新生之友"对一个新生的帮助主要还是在刚开学的那个阶段。

记得我们第一次见面时的那次短会，大家坐在一起，讲一下自己的理想，说说自己的特长以及不足。作为我们的领路人，董老师先讲了自己对于大学的看法以及他曾经的大学生活。作为高我们几届的学长，他的经历与成长值得我们去借鉴。那时董老师对我说的那些话令我至今难忘。由于当时的我表现得有些懒散，可能还有些羞涩，董老师对我的印象也并不是很好，而这却成了我大一一年奋斗的动力之一，至少我得向他证明我没有他想象中的那么差。

还有一次印象较为深刻的是我主动找的董老师。那时思修课老师布置作业要求我们对今后可能涉入的专业进行探索，并且要求我们必须有相关专业老师的访谈。因为刚入浙大，人生地不熟，这时"新生之友"便成了我唯一的依靠。鼓足勇气与董老师约好了时间，我也准备了一些问题。但可能因为准备得还是不够充分，事实上我并没有直接得到我想要的一些回答。但董老师还是耐心地解答了我的每个问题，并且推荐了相关的网站以及资料来供我查询。

在浙大快一年了，虽然自己对于成为一个理想中的大学生还有些许差距，但在近一年的时间里，董老师对我们的关怀确实对我们的成长起到了举足轻重的作用。在这里我非常感谢他在这一年中为我们付出的一切。

◎ 谢佳烽

我们寝室联系的"新生之友"是董晓武老师，平时接触比较多。这一年来，董老师经常与我们交流，也给我们提供了许多的帮助，生活上的，学习上的，方方面面。而我们也从中收获了很多，无论是关于当下所应关注的事情，还是将来该如何选择自己的专业，都或多或少得到了帮助。同时，老师还给我们提供了提前学习实验知识的机会，让我们能够先一步体会实验室的生活，更好地积累经验。

平时大多都是董老师主动来找我们谈话，我们主动去找老师的情况相对比较少。每次交流中董老师都显得很热情，并且作为一名年轻的"新生之友"，董老师和我们有许多的共同话题。他常拿自己经历过的点点滴滴与我们分享，并以此为例子让我们能够做出更加适合自己的选择。也正因如此，第一次与董老师的交流中，我们并没有表现得太拘束，尽管表达的有多有少，但是大家都敢于表达自己内心的想法，而董老师也会一一倾听并给出自己的建议。

这一年来受到董老师的很多关照，我们也因此收获了很多很多。如果没有董老师的帮助，我们或许会多走很多弯路，在解决问题的时候耗费更多的时间，甚至会比现在更难适应大一这一年的生活。所以，很感谢学校"新生之友"这一制度以及董老师这一年对我们的帮助。

其实我没做什么

——记建工学院"新生之友"祝丽丽老师

祝丽丽，女，1999 年考入浙江大学水利与海洋工程系，2006 年获硕士学位，毕业后在建工学院土木水利实验中心任教，从事流体力学、水力学等本科实验教学及河口海岸动力学方面研究，是国家级力学实验教学示范中心、国家水科学科普基地的主要成员。发表学术论文 5 篇，参与国家水体污染和控制治理科技重大专项、国家自然科学基金 3 项、省自然科学基金 1 项。指导浙江省大学生科技创新项目 1 项，校级 SRTP[①] 3 项，校级教改项目 1 项。研究成果获浙江省科学技术成果二等奖、三等奖各 1 次，校级教学成果二等奖 1 次。2013 年担任"新生之友"。

[①] SRTP：大学生科研训练计划（Student Research Training Program，简称 SRTP），旨在培养研究型大学本科生的创新能力、科研能力和解决实际问题能力，加强和做实科研训练过程管理，提升项目研究质量。

文／陈李翔

当得知自己被选为优秀"新生之友"的时候，祝丽丽老师感到有些惊讶："其实我觉得自己没做什么啊。"然而蓝田5舍2081寝室的何歆玥、刘芳和张蕾蕾三位学生则认为："老师帮助了我们很多，为我们做了很多。"若不是言语间流露出来的老练和睿智，很难想象眼前这位年轻而爱笑的老师已经有了近十年的教学经历。

"我和她们的经历类似"

"我觉得'新生之友'所扮演的角色主要是一个衔接者，帮助同学们从高中过渡到大学。"祝丽丽老师说。因此在初次接触的时候祝老师主要了解了三位女生在学业和生活方面的基本状况，如"是否会水土不服"、"有没有参加什么社团或学生组织"、"对大学的学习适应与否"等等。在聊天的过程中，祝老师发现三位女生都积极主动地联系了学长、学姐，并参加了学校的各种社团，但同时也了解到她们并不十分适应大学相对宽松的管理体系与快节奏的学习模式，对未来的专业规划也较为模糊。基于这些初步了解，祝老师鼓励三位女生在第一学年要学好基础课。"基础很重要，"祝老师说，"大一的学习状况往往会影响到整个大学四年的学习，使我感到很欣慰的是三位女生在学习方面相当认真，可以说都有些学霸的味道呢。"

针对自习的问题，祝老师还与她们进行了一次颇有趣味的讨论。一开始，祝老师认为去图书馆或教室自习比较好，因为那儿有较好的学习氛围，可是三位女生更倾向于在寝室自习，她们说："寝室离盥洗室有一定距离，还是蛮安静的，而且在有人自习的时候其他人就会非常自觉地安静下来或者干脆一起自习。"讨论到后来，祝老师也改变了看法，支持她们在寝室自习，"的确，图书馆和教室里往往有很多无法控制的噪音"。在分析了寝室、图书馆和教室自习的利弊之后，大家得出了一致的结论：若是寝室中没有人玩游戏，相对较为安静，还是挺适合自习的。

当然，她们的话题并不仅限于校园，在第一次聚餐中大家还说起了回家和休闲娱乐等问题，何歆玥回忆道："老师发现我们比较宅，就鼓励我们在课余时间多出去玩玩。"

三位女生也向祝老师提出了很多困惑，尤其是关于那些在高中从未接触过的事物，如"绩点究竟是什么，与期末分数如何换算？""专业确认是怎么一回事？""跨大类如何操作？"等等。祝老师非常详尽地进行了回答，在见面之后还针对这些问题整理了许多资料发给三位女生。

"其实我的经历跟你们有些相似，"祝老师说，"因为我是在1998年四校合并的时候考入浙大的，所以也经历了大类制度。当时的制度还未成熟，加上我们并没有形成去寻找学长、学姐帮助的概念，就遇到了许多困难。因此我可以站在你们这一代的角度去感受你们的困惑，并借助我的经验让你们免去许多劳累和曲折。"

"我们都是女生"

由于三位女生的学业比较繁忙，时间紧张，所以在第一次聚餐之后，祝老师和她们的沟通与交流主要是通过QQ。除了解决三位女生的问题和关心她们的学习状况之外，祝老师还与她们进行了许多女生间才会有的对话。

提起祝老师时，"热情"、"亲切"、"活泼"、"有童心"这些词便从三位女生的口中蹦了出来。张蕾蕾回忆道："祝老师第一眼看上去就很和蔼，像我们这个年龄段的人，不会对她有距离感，而且后来发现她还很可爱。"而提起三位同学时，祝老师如是评价道："蕾蕾有点小女生的性格，比较活泼。刘芳来自东北，但我感觉她像我们南方人，比较文静。歆玥则更为冷静、沉稳。在QQ上我并没有建立一个群，而是跟她们进行单独对话，因为我觉得每个人所关注的点和遇到的问题都有所差异。有什么重要信息时我会给她们每个人都发一遍，但是在出去玩或聚餐的时候，最后与我对接的是活泼的蕾蕾。一对一的对话更容易深入，而且也更为有效。她们也越来越把我当作朋友，"祝老师露出了可爱的微笑，自然地接了一句，"我们都是女生嘛。"

三位女生非常感激祝老师的帮助与关心，于是决定在六月份的考试周前夕请祝老师吃饭。回忆起这次聚餐，刘芳十分兴奋："我们在学校附近的城西银泰一起吃烤肉。老师坚持不让我们掏钱，说我们还是学生。在返程的路上我们停下来合影，拍完正经的合照之后，我们就开始了一发不可收拾的自拍。老师看着自己的照片，一直吐槽自己的手臂如何、脸庞如何，还与我们寝室一个肤色尤为健康的同学讨论起美白经验，就像一个大姐姐一样。"

"她们都很有想法"

第一学年开学伊始，祝老师邀请了三位女生参加了建筑工程学院组织的"新生之友"集体见面会。"在见面会中学院院长和各个系的系主任介绍了学院的基本情况，比如我们在做些什么、研究些什么，"祝老师说，"在见面会后，三位女生对建工学院也有了更深的了解，虽然她们最后并没有选择建工学院。我曾经希望她们选择建工学院，因为她们真的很优秀。"

"我觉得很多学生对于'新生之友'的认识和了解存在一定的误区，"祝老师说道，"并不是说我在建工学院，那么你就只能问我关于建工学院的问题，或者说我就要把你拉到建工学院。我们会在尊重学生选择的基础上去尽力帮助他们。我们老师有很多学生所没有的资源，此外也可以向你们推荐和介绍其他可能对你们有所帮助的老师。专业规划还是一件很费力、费神的事。"

起初张蕾蕾想要跨大类选择医学专业，但是并不知道跨大类的要求与具体方法，祝老师就为她提供了相关信息，如所需要的均绩等等，还帮助张蕾蕾更深入地了解了医学专业及其具体的学习情况，如医学专业所要学习的课程、未来的就业方向等等。"在我们确定专业之前，祝老师一直都在关心我们的专业意愿是什么，"张蕾蕾说，"然后她就会帮忙了解我们进入该专业的可能性以及该专业的具体情况。"祝老师常常给出简单、明了的数据，如往年进入某某专业所需均绩以及进入人数、某某专业的排名等等，这都使得她们对自己所关心的专业获得了更明确、直观的认识。

在网上看到一位女生发出了她的录取消息时，祝老师立刻去询问了其他两位女生的情况，最终，三位女生中两位被"电气工程及其自动化"专业录取，另一位则选择了"高分子科学与工程"。得知三位女生都如愿进入了自己心仪的专业，祝老师感到十分开心：她们现在都已经非常好地适应并融入了浙大，取得了可观的成绩，一年以来自己一直念叨的"从高中到大学"的过渡任务已顺利完成。

"其实去年我家中也有许多事，搞得我忙里忙外，所以我觉得挺惭愧的，感觉自己做的事情并不多，对她们的关心也不够，"祝老师有些不好意思地笑着，"好在她们自己都很有想法，也有足够的能力去使自己的想法化成现实。"

学生眼中的
新生之友

蓝田 5-2081 寝室

◎ 何歆玥

初次见到"新生之友",是开学第一个星期一的中午。匆匆从东区教室赶到三楼食堂,远远地看见室友对面坐着一个年轻的老师。第一次的交谈并没有想象中的尴尬与生怯,饭桌上的交流,显得格外轻松,初入大学的我们对未来的一年所知甚少,但亲切的祝老师已在第一天给我留下美好的印象。

还记得当时聊起对专业和学习方式的困惑,本以为是随口一说,祝老师却记在心中。没过几日便给我们三人发来了搜集的咨询与指导意见。确定专业时,祝老师也不忘关心我们的情况。

一年的时光飞逝,转眼间我们已不再是新生。桌前一如一年前四人的位置,我们说着过去一年的经历,叙着未来的方向。祝老师还是那般亲切,甚至发觉她的些许活泼。最后的合影留念,还有我们四人的嬉笑,和照片一起定格在大一的夏天。

◎ 刘 芳

记得在开学初的夜晚收到了来自祝老师的信息，内容亲切热络、言语平易近人，这是一场聚餐的邀约，她便是我们后来的"新生之友"。初入浙大，对"新生之友"并无了解。

聚餐的地点是在三楼的招待餐厅。大抵是知道我们新生对食堂还不了解，祝老师早早地便到了，在一楼把我们迎了上去。点菜的过程中，"吃不吃辣"、"有什么忌口"，老师让我们感受到了她的心细如尘以及对我们发自内心的关爱和照顾。伴着美味、丰富的菜肴陆续上桌，我们热烈地交谈，老师认真地询问了我们每个人的兴趣爱好、家庭情况、专业倾向和心理感受等等。这一次聚餐让我们与"新生之友"的距离拉近了不少，有这样一位"新生之友"，我们感到非常幸运和满足。

在之后的交往中，老师时常发短信、QQ聊天，每到选课、选专业等等的关键时期，总有老师的关心降临，老师竭尽所能为我们提供帮助和支持。面对绩点计算等等的疑问，时常还未来得及询问老师，老师就主动为我们答疑解惑。在专业选定后，老师的祝贺短信也及时到来。可见老师一直都在默默关注着我们的成长。

老师能被选为优秀"新生之友"着实是实至名归，她认真负责、真诚用心，给予我们亲人般的关怀与爱护。

◎ 张蕾蕾

刚开学没几天，"新生之友"祝老师就先发来了短信，短短的几句话，却给了我们进入新校园、新环境的一股支持之力。在这个姹紫嫣红的校园里，现在的炎热以及生机都让我想起去年的那个夏天。带着对未来的憧憬以及一丝丝的胆怯，我们进入这个校园。在陌生的生活方式中，我们能够适应并且享受，从一开始便是借助于"新生之友"之手。

第一次见到祝老师，她戴着白边眼镜，穿着打扮像个学生，一开始便没有和我们拉开距离。在饭桌上，她像个大姐姐一样和我们聊着我们的志愿、我们的爱好、我们想要去的专业以及我们以后想要从事的职业。在我的心中，刚开始对以后的专业没有清晰的勾勒，但是有一个认为比较好的专业。她知道以后，从各种途径获得这个专业的一些要求。从那以后，她经常在QQ上和我聊天，关于生活、关于学习、关于感情。

祝丽丽老师和结对新生

后来建工学院举行建工会，我随着丽丽姐一同参加，知道了建工的一些具体信息，知道了相关方面的一些知识，给了我一些选专业的指导。虽然后来没有选这个专业，我还是很感谢丽丽姐给予我的帮助。在选专业之前，丽丽姐一直都对我们的专业意向很关心，时不时地问问我们的近况，并且对我们的专业意向进行剖析。通过在QQ上的互动，我们之间的关系越来越亲近，我们也知道了求助的另一种途径。

　　相比较其他寝室的"新生之友"，我觉得我们的"新生之友"是最好的。她一直都很关心我们的生活，一直都伸出援助之手。

为了学生一切

"存在感"是怎样炼成的

——记公共管理学院"新生之友"钟瑞军老师

　　钟瑞军，男，浙江大学材料系本科，厦门大学经济学硕士，清华大学管理学博士。他曾任浙江大学校长办公室兼职调研员、浙江大学校友总会理事、杭州浙江大学校友会副秘书长，曾获浙江大学求是学院"优秀班主任"称号，现任公共管理学院讲师、城市发展与管理系主任助理、丹阳青溪学园班主任和"新生之友"。他所指导的以2013级丹阳1-407的学生为主组成的团队，入选了"青年中国行"2014年全国100强（共212所高校1398支队伍参加），是浙江大学唯一入选的团队。

文／任冠南

钟瑞军老师已经连续两年担任"新生之友"了，每一届对他的评价都非常好，因为钟老师愿意和学生在一起。

"大学阶段要读很多很多的书"

说起和钟老师的联系，前一秒还是睡眼蒙眬的吴燕马上清醒过来："书！钟老师给我们推荐了好多书！"她打开电脑，文件夹里满是这句话的佐证：关于如何规划大学四年的书单、关于如何适应大学生活的书单、有关写作技巧的书单……"这都是钟老师专门为我们准备的。"吴燕满脸笑意。

开学不久，担任班主任的钟老师就为自己的社会科学试验班新班级开了次主题班会，不讲班级琐事，就谈大学四年的学业和生活规划。吴燕、倪永红、孙瑜、吴宏丽，这四位和钟老师结对的腼腆新生也收到了邀请。班会结束后，他们还收到了钟老师准备的信息满满的PPT，里面包含的书单涉及生活和学习上的方方面面的知识。

也许书单听起来有些抽象，其实，钟老师还备有"时刻准备外借"的实体书。"我最留心的是一些英语和写作的书，像那本《考拉小巫的英语学习日记——写给为梦想而奋斗的人》，甚至还有数学书！钟老师给我们提供了很多门课的学习经验类的书。"吴燕说道。

钟老师英语好是寝室里四个姑娘都知道的，以致他捧在手里的厚厚的英语书也因此多少让人有些望而生畏。"我们都怕他借给我们的英语书会太难，但钟老师很风趣地说：'你们四级总过了吧？那就没事儿，慢慢来呗！'一下子就打消了我们的顾虑。"回想起当时的场景，吴燕不好意思地笑了。

书里有规划，书里有知识，书里有经验。书承载着钟老师对学生的理解。"做'新生之友'，首先得了解新生需要些什么。"在钟老师看来，"大学四年最重要的是要学规划、学能力，而很多关于规划的方法都藏在书里，所以大学阶段要读很多很多的书。"书，无疑是钟老师与结对新生沟通的最别致的方式。

像这样的借书、荐书的沟通方式他已经实践了两年。就在放暑假的前两天，一名2012级的结对女生还来找钟老师，还书的同时请老师帮忙介绍暑期实习。书拉近了钟老师和学生的距离。

"专业对口"的"金牌导师"

丹阳青溪学园门口红彤彤的横幅激起了孙瑜、倪永红和吴燕三位小伙伴对"模拟市长"比赛的热情。可是初来乍到，与新兵蛋子们熟络的老师寥寥无几，又是大周末的，找谁作

指导呢？一番思索，三个人不约而同地想到了"没架子"、
"风趣好沟通"的钟老师。一通电话打过去，钟老师竟然马
上答应了，这让姑娘们激动不已。在她们开展"嘉兴市的两
分两换政策"研究中，钟老师就发挥管理学专业老本行，指
导其研究路径、修改参赛文本，从头到尾帮着想主意。

　　缘分越积越深。"模拟市长"夺冠的姐妹仨闲不住，又
在名为"青年中国行"的暑期社会实践比赛中报了名。钟老
师顺理成章地第二次担任了她们的指导老师。一开始她们想
要沿用"嘉兴市的两分两换政策"的选题，是钟老师的提
议让她们果断舍弃了"有底子"的题材。钟老师觉得这个题
目不好，建议她关注当时非常热门的杭州中泰垃圾焚烧厂抗
议事件。她也觉得这个题目更有可操作性和现实意义，就把
选题改成了'关于垃圾焚烧厂建设规划过程中民众冲突解决
机制的研究'"。比赛报名表是第一环挑战。20多天时间里
钟老师把丫头们的底稿改了五六遍。"虽然很受打击也很烦
琐，但是我们真的从中学到了很多。"想到当初的焦头烂额，
三人纷纷感叹。上天没有辜负她们，她们最终进入全国100
强，成为浙江大学唯一的入选队伍。

　　夏学期考试周结束的晚上，她们仨和钟老师约好聚餐，
继续讨论"青年中国行"项目的细节。暑假里她们即将开始
实地调研，而钟老师还将全程指导和关注这个项目。就像钟
老师自己说的那样，"没有具体问题上的接触和指导很难真
正帮到学生"，因此即使指导学生写自荐信、参加比赛什么
的，都得用心下些功夫。指导课余比赛，让钟老师和他结对
的寝室有了说不完的故事。

你来决定，我来建议

选专业，这大概是每一个求是新人的困惑所在，吴燕也不例外。"我一直在法学和行政管理专业之间纠结，后来选专业之前钟老师约我们在'浙里吧'聊专业的事，我就告诉了老师我的烦恼。钟老师建议我选法学，"说到这儿，吴燕顿了一下，接着说，"我还以为是因为我数学不好的缘故呢！但其实老师考虑的是我的性格特点。我还是比较偏文科的，平常也特别关注时事热点。钟老师说我这样的性格比较适合法学，相较行政管理而言，法学也许能让我学到更多东西。"

吴燕最终选择了法学专业。在填写简历表时，她又想到了钟老师："我就把我的简历表拿给他看，自己觉得还不错，但还是被钟老师改了很多方面。其中正文部分，钟老师教我要写清选择法学的原因、突出自己高考全省第 187 名的优势，并用粗体标注出来。"更让吴燕印象深刻的是钟老师对于细节的重视，尤其是成稿的前后顺序几经调整，数字全部采用罗马体，标点和空格也反复修改，用得标准而贴切。"针对我那篇惨不忍睹的个人简历，钟老师为我修改了四五次！"吴燕的语气里有说不出的感动和景仰。那个在"浙里吧"度过的春光明媚的午后，成了吴燕心里最动人的回忆。

类似的事情在往年的"新生之友"工作中也有过：当时钟老师结对的一名男生选专业时绩点不够高，本来是选"国贸"专业最稳妥，但他一心想学会计学。于是钟老师就建议他坚持理想，还辅导他写自荐信："要在自荐信里突出自己的亮点，你的少年班经历和已修会计学课程拿的 97 分都是亮点。"该同学原先绩点排名倒数第二，最后总成绩（绩点排名＋面试排名）竟列第一。除却他在面试中的良好表现，那封重点分明的自荐信功不可没。

"大学不只是让学生拿到好成绩，更要让学生在这四年里明晰自己的人生发展方向。"钟老师无时无刻不在践行着自己的教育理念。他把选择权交给学生，而用自己的智慧和经验提供建议。为学生想得远，钟老师和学生的良好关系也就走得远。

"风趣又严谨"的钟老师不断出现在丹阳 1 舍 407 寝室的集体生活里：从适应新生活到选择主修专业、参加课余比赛和进行学业考试，钟老师全程"跟踪"、全程指导；从当面畅谈到电话联系和互发邮件，一年中频繁的接触让他们彼此熟悉了对方的性格特点和爱好。这位浙大老"工科男"如今已经由"新生之友"变成了"老生"的老朋友、好朋友。他用他的智慧、耐心、幽默和气度刷新着人们对"新生之友"的理解，最终，人气高涨，存在感爆棚。

钟瑞军老师和结对新生

学生眼中的
新生之友

丹阳 1-407 寝室

◎ 倪永红

学长、学姐们总说：大学时代是人生中最欢乐的时代。然而我初入大学，内心里除了对这个陌生世界的好奇，更多的是忐忑与不安。离开了自己熟悉的环境，好多问题都出现了，专业、社团、学习……这些问题困扰着我，但又不知道该向谁诉说，又有谁能帮我彻底搞懂这些问题呢？

幸好，学校给每个寝室都配备了一名"新生之友"。我还记得第一次与钟老师在"浙里吧"见面时，我们欢乐地聊了很多话题，高考、家乡、专业、社团……钟老师很健谈，给我提出了不少宝贵的建议。那一天晚上，我好像慢慢地了解了自己在大学要做什么、应该怎么做。尽管目标不是很明晰，但那种安心的感觉让人昂扬向上。

不过，我不是那种能很快地与别人熟识的人，所以大多数问题都是靠我自己解决。直到大一下半学期，我们寝室几个同学一起参加了"模拟市长"活动，需要找一名指导老师，可是大周末的，去哪里找老师呢？我们想到了和善的钟老师。果然，当我们给他打了一个电话后，他就欣然接受了！于是，我们开始有各种各样的机会与钟老师交流，而钟老师每次与我们见面也都会带几本书，告诉我们注意提升自己哪方面的素质。说实话，我们跟严谨、认真的钟老师学到了很多东西。

有同学说，"新生之友"好像只是入学时见一面，之后就再也没有联系了。而我认为，"新生之友"是一份准备给每一个大一新生的资源，关键是我们愿不愿意主动走出去，与老师取得联系，获得帮助。其实只有你说出来，这个世界才会知道你需要什么。

◎ 孙 瑜

第一次钟老师约我们寝室同学出去见面时，因为一些原因，我没有参加。于是只能听宿舍同学讲述她们对钟老师的印象。后来，钟老师邀请我们宿舍的同学去参加了他们班的班会。那时我们刚刚开始大学生活，对一切都懵懵懂懂，而钟老师的班会内容无疑为我们的大学指点了方向。他从我们最为关注的专业选择出发，谈如何结合自己的兴趣、成绩等多方面因素来进行选择。又以专业的选择为起点，讲述在大学中如何抉择自己未来的道路。不得不说，这次班会的内容让我受益匪浅。

接下来的一段时间里，由于钟老师很忙，我们的时间总是不能协调，因此见面的机会相对较少了。但是钟老师总会定期给我们宿舍发一些邮件，给我们推荐英文的阅读书目，询问我们最近的情况，指导我们的大学生活。尽管不能常常见面，我们还是保持着密切联系。

今年，我与宿舍中的其他两位同学参加了"模拟市长"活动和"中国青年行"活动，这两个活动都需要一个指导老师，我们不约而同地想到了钟老师。与钟老师沟通后，他愉快地答应了我们的请求，并且每次都为我们提供切实的帮助，让我们每个人在活动中都得到了很大的成长。

亦师亦友，希望我们可以与钟老师保持更加紧密的联系，让我们从这位优秀的导师身上学到更多的东西。

◎ 吴宏丽

我眼中的"新生之友"应当是一个指导我们大学的学习、关心我们的生活、在我们需要帮助的时候能够努力帮助我们的大一新生的朋友。我觉得我们丹1-407寝室的新生之友钟瑞军老师就是这样的一个人。

大一开学不久，钟老师就来我们寝室找过我们。后来，由他担任班主任的行政班召开班会，钟老师邀请我们寝室的成员也一起去参加，那次班会钟老师讲的主题是关于怎样度过大学生活，这对刚进入大学的我们而言有很大的帮助。会后钟老师也将他演讲的PPT传给我们，将其中的一些书籍推荐给我们看。

在我看来，钟老师的确是一位十分称职的"新生之友"。

◎ 吴　燕

第一次和我们的"新生之友"钟老师见面，是在刚开学的时候，也正是我们对大学一无所知、懵懵懂懂的时候。我们约定在紫金港的"浙里吧"见面，在前往"浙里吧"的途中，我们惴惴不安，不知道我们的"新生之友"会是什么样子，会不会很严肃、不苟言笑。直到见了面，我们才松了一口气，还好，挺和蔼可亲的，中等身材，不严肃，挺爱笑。一下子就把拘谨的我们给逗乐了。钟老师和我们谈紫金港、谈大学生活，分享他的大学生活和现在的工作状态，询问我们的兴趣、爱好，勉励我们要珍惜美丽的大学生活。

第二次见面是在钟老师组织的一次班会上。这一次他更多地告诉我们如何度过这珍贵的四年时光，如何规划好自己的未来，让人很有感触。

第三次见面是在一个春光明媚的午后，我向他咨询专业问题，他极为耐心地一一解答。钟老师还在百忙之中抽空帮我修改了个人简历，我非常感谢他对我的帮助。

之后我们寝室的三个人参加了"模拟市长"和"青年中国行"的活动，请钟老师做我们的指导老师。我们之间的交流就更多了，钟老师虽是一个风趣的人，但是做起事来相当严谨。我们的论文被一次又一次地要求修改，虽然很受打击也很烦琐，但是真的从中学到了很多。

亦师亦友，伴我成长！钟老师既是我们的老师，更是我们的朋友。他虽然作为老师给予我们指导，但更多的是像朋友一样与我们坦诚地沟通。

敞开心扉，
做最有效的沟通

——记人文学院"新生之友"王国英老师

　　王国英，女，文学博士，中国现当代文学专业，1994年进浙江大学工作，曾担任多年的班主任和学生党支部书记，主讲"亚洲电影史"、"大学写作"、"文秘学"等课程，主编《世界电影名家名片二十讲》、《文秘学》、《文秘写作》等教材。在任教和承担学生工作中，她尽心尽责，愿意并善于与学生沟通交流，如姐姐般关心学生的成长，及时疏解学生的困惑，曾获"优秀班主任"、"先进工作者"等荣誉称号。

文 / 余瑛

这个月，王国英老师刚和浙江大学紫金港校区青溪 3 舍 413 室的女生们见过面，还一起拍了照。"以前见面主要是聊天，也没刻意去拍照片，这回有了合影可以留个纪念，以后也可以拿出来看看。"

像往常一样，王老师和同学们一见面就畅聊起来。不同的是，除了生活琐事，女孩子们和王老师谈了一些与专业相关的问题。屈亚平同学还和王老师谈到了哲学问题。"沟通进入到了一个更深的层次，我觉得挺欣慰的。"王老师感慨道。

来自一个大姐姐的建议

"上大学后就不能只盯着课本，要多尝试，明确自己的兴趣在哪里……"

"做好时间管理，知道自己每个时间段该干什么，否则你不知道时间是怎么过的……"

"多看学生手册和培养方案，对学业有一个规划……"

在浙江大学紫金港校区西教学楼的休闲桌旁，王老师如同大姐姐一般，正在跟四个懵懵懂懂的女孩子娓娓道来该如何过好大学生活。这是 2013 年 9 月的一天，也是女生们第一次见到王老师。此时距进校不到一个月，王老师特地从西溪校区赶过来，和她们谈心。

根据王老师多年的经验，很多同学上了大学以后过得"稀里糊涂"，不知道自己"会干啥，该干啥"。因此王老师强调了学业规划和时间管理的重要性，提醒她们尽早进入角色，茫然期不能太长。

王老师说，大学最重要的是学业，要平衡好学业与其他事情的关系——主旋律与插曲。有了王老师的建议，四名女生渐渐意识到该去了解什么。"她们比较早地就有了意向，知道了自己的兴趣在哪里。"到大一第一个学期末，她们对于专业都有了自己的倾向。

除了学业，王老师还鼓励她们在各方面多尝试，如参加社团活动、聆听讲座、多与相关老师交流等。"我告诉她们要根据自己的兴趣和能力，去报名，去尝试，在做事的过程中就会发现自己能力不足或思维不到位的地方，缺陷暴露出来了，就能得到进步。"王国英老师说。

114

为了教导学生如何进行时间管理，王老师还讲述了自己的故事："我上大学的时候也参加各种活动，特别是体育运动，比较擅长球类运动。"而王老师的功课并没有落下，"出去的时候带着乒乓球拍，有人一起练的时候就打一会球，打累了就坐下来学习。"

"王老师当时说不能经常玩手机，现在我都很少上 QQ、微信，这对我的影响比较深。"屈亚平说。

在情感方面，王老师也给了她们很多建议，如怎么过好集体生活以及如何处理好个人感情问题等。印象最深的是她说的："两个人看对眼了可以谈恋爱，但不能因为寂寞而恋爱。"

三个月后，王老师又约了她们在西溪校区见面。"她们都是人文专业的，这样还可以顺便熟悉熟悉校园。"这一次，王老师准备了一大堆零食在办公室等着她们。"一开始，学生们很拘谨，我就讲了一些自己上大学时的趣事，跟她们说就当我是大姐姐。于是，她们慢慢就'嗨'起来了。"

一封信的上下两部分

一封 2000 字的回信，一半感性，一半理性；一半畅聊过去，一半关注当下。尽管这是一封"迟到"的来信，却包含着令她们互相坦诚、互相亲近的珍贵字眼。

在西溪校区见面后不久，寝室的四个妹子就联名给王老师写了一封信。除了生活上的一些困扰，她们也对上次的聊天"意犹未尽"，想知道更多关于王老师大学时代的生活。

收到来信后，王老师洋洋洒洒地写了很多自己上大学时的趣事。20 世纪 90 年代的物质生活不如现在富足，王老师经常"节衣缩食"，以换取出外旅游、开拓视野的机会。当时周六也要上课，王老师就趁着春假跑到绍兴。"那时候走出杭州就是'走出去'。"年轻的王老师喜欢组织一群朋友出去，有时甚至被辅导员"责骂"。"有一次晚上我去植物园偷桑叶，因为晚上 11 点后就不能回寝室，只能待在那边被蚊子咬，最后叮了一身的包。"

不过这封回信只写了一半，由于当时王老师的父亲突然去世，也就被"搁浅"了。一段时间后，王老师重新打开邮箱，完成了这封信的后半部分。

屈亚平回忆说："她向我们解释了迟迟没有回信的原因，并说每个时代的大学生活都不一样。"笔锋一转，王老师谈到了比较现实的问题。"一定不要认为自己这样的生活不够精彩，每个时代每个人的大学生活都有自己的精彩。怎么更精彩？就要有取舍。"对于如何过好大学生活，王老师在信中给了她们更多的建议和期盼。

女生们也很快给王老师回了信。在这一来一往的情谊中，王老师总结道："首先是我自己很坦诚，相互的坦诚和沟通很重要。"

线上关注，线下关心

"你是不是感冒了？现在怎么样了？……"2013年11月20日，姜娇娇接到王老师来电，电话那头是老师急切的声音。原来，王老师在微信朋友圈里看到了该生室友周梦竹发的状态，知道了姜娇娇住院的消息，于是赶快打电话过来问候。得知她已经痊愈出院后，王老师才松了一口气，放心地挂了电话。

四个女生都加了老师的微信和QQ。平时，王老师总是默默地关注她们的动态，"每天晚上都会去看一下"，晒了什么照片，发生了哪些趣事，遇到了什么困难……王老师都能从她们的状态中了解一些情况。"见面聊天的时候她会聊到我们的一些情况，比如我为什么不怎么发动态，她也会提到。"屈亚平说。

一旦发现有什么状况，王老师就会发短信或者打电话询问。"一般先发邮件或者短信，再打电话"，由于大家课程比较多，怕影响大家上课，"我都是中午或者晚上才打电话过去。"王老师说。

关键环节的提醒

考试周，放假后，选专业……这一年里的每一个关键环节，王老师都会第一时间想到青溪3舍413寝室的四个女孩子，总会打电话过去了解情况或者提供一些帮助。

在她们面对大学的第一个考试周非常惶恐之时，王老师来电询问她们的考试准备情况。王老师最想要提醒她们的是考试时不能触碰底线，"很多同学并不知道事情的严重性，不够重视。"

选专业之前，王老师也给她们打了电话，了解她们的想法和困惑。由于之前的交流比较多，四位女生都特别信任王老师。"选专业是很关键的一步"，王老师尽最大努力帮助解决她们的每一个困惑，"她们四个都很优秀，都有明确的目标，问题会涉及很多具体的东西，对外交流、课程设置……"遇到自己也不怎么清楚的问题时，王老师就去请教其他老师，再把比较详细的信息反馈给她们。

在王老师看来，沟通的有效性很重要。去除一些形式上的东西，在关键的时刻给予她们有用的帮助，才能真正发挥"新生之友"的作用。

学生眼中的
新生之友

◎ 屈亚平

　　遇见王国英老师是在"新生之友"与结对寝室的见面
会上。那时候大学生活刚刚开始，心中充满了向往，同时也
有深深的迷惘。毕竟大学的学习生活模式与中学有较大的差
别。还记得那天，王老师与我们聊了一些关于专业选择和生
活安排的事，并不是大而空的道理，而是生活中切切实实需
要的指点。其中一些生活细节的指导，让我在探求的路上看
到了一点点微光。举个例子来说，刚进大学的时候我沉湎于
手机，以致一天中的很多时间都花在手机上，刷动态、打电
话、QQ、微信，甚至连上课的时候我也常常是低头玩手机。
那天的谈话中王老师特别提醒我们不能把太多时间和注意力
放在电子产品上。虽然我听了之后并没有马上改掉坏习惯，
但日后这句话却常常在我刷屏聊天时回响在耳边，不禁有些
惭愧。现在我基本能做到只在睡前查收手机中的重要消息。
这一个小小的进步与王老师的提醒有密切的关系。

　　印象最深的一次交流是上学期寝室四人骑行去西溪校区
和王老师见面。那天我们一边喝茶一边聊天，海阔天空没有

边界。王老师与我们分享了她的大学生活，那是一种与我们现在不一样的精彩。我们也谈了自己对大学生活的看法和感受。在彼此的交流中，我领略到王老师的青春与大学生活，也反观了自己当下的生活和状态。这对于我调整好自己的心态和生活方式有重要的启发意义。

总而言之，在我眼里王老师既是一位给予我们指导的良师，也是一位和我们一起谈人生、谈理想的益友。我想即使大一过去了，我们也依旧会与王老师保持联系，因为她不仅仅是我们的"新生之友"，更是我们生活中的朋友。

◎ 周梦竹

遇到王国英老师真是我的幸运。

第一次见到她是在"新生之友"的见面会上，只记得她灿烂的笑容，像朋友一样亲切地和我们拉起家常，打破了我对新生之友"严肃、规矩、刻板"的最初想象，一下子就跨越了年龄的鸿沟，给我们如邻家大姐姐一般的温暖。

第二次见面是在西溪校区，寝室四人一路骑行到西溪校区拜访老师。为了招待我们这些馋猫，老师准备了各种水果、零食。在办公室里，我们聊起大学的困惑和苦恼，聊起专业选择与大学学习。老师像孩子一样跟我们讲起她大学时候的趣事，比如偷桑叶养蚕、夜游西湖、班级旅行等等，让我们对大学的生活充满了向往。同时，老师也会以过来人的角度告诉我们学习的必要性，告诫我们学习之于大学生的重要作用。听到老师的奋斗史，无论是通宵画出几百张海报还是工作、社团、学习样样不落的经历，我突然充满了动力，

119

也希望自己的大学生活变得充满激情、青春无悔。

当我们寝室收到老师那封真情满满的信件时，所有人感动得几乎落泪，字字真心，字字真情。老师默默地关心着我们的生活，为我们敞开心扉，毫无保留地向我们讲述她的青春、她的情感、她的经历、她的成功与失败，真的非常感谢老师。一年的结对已经走向尾声，但是我知道，老师已经成为我大学成长路上不可忘却的一个良师益友。

◎ 张　璐

第一次见到"新生之友"就感到非常亲切，或许是因为同乡的原因，并没有产生陌生感与距离感，反而很快就和王老师成为好朋友。老师和我们互相留了联系方式、微信及QQ。原本以为第一次见面之后便不会有太多的联系，但使我吃惊的是，老师常常会关注我们的动态及朋友圈上的消息，关心我们的境况，有时还会在评论里留言，经常与我们互动。虽然不经常见面，但我们和老师之间的联系从未间断过。在大一刚入学时遇到这样一位时刻关心我们、从不拒绝解答困惑并经常给我们一些有用的经验和意见的大朋友，让我们更快地适应了大学生活。

在第一个学期接近期末时，我们骑行到西溪校区，想找王老师聊天。当天是周末，王老师得知我们到西溪校区看她，特地从家里赶到学校来见我们，没有丝毫的推脱，让我们很是感动。王老师早早地在办公室楼下等我们，一见面就问我们近况、路上骑车过来冷不冷、渴不渴……让我们在冬日里一下子感到了温暖。走进王老师的办公室后，老师摆出了好多水果、零食，并给我们每个人倒了茶，像亲人一般，贴心地招待我们，让我们的拘束感一下子就消失了。我们聊了一个下午，关于学习、理想、人生规划、困惑，无话不谈。王老师也毫不介意地和我们分享了她的大学生活。那一刻，我们之间仿佛没有了年龄的差距，都肆无忌惮地说笑，很欢乐、很温馨。

之后，老师还给我们写了邮件，字里行间满满的都是真挚的情感。她并没有把我们当作学生，而是朋友一般，亲切地和我们交流。在大学里能够遇到这么一位良师益友，真的觉得很幸运。我们和王老师之间的情谊相信也一定能够延续下去，不会中断。

◎ 姜娇娇

我对我们的"新生之友"有三个印象特别深的时刻。

· 初见

刚到紫金港校区的时候，我们对"新生之友"制度一点也不了解。记得那个星期五下午开见面会的时候，真是惶恐，觉得即将与我们联谊的老师和我们今后的关系是个未知数。当辅导员宣布"青溪三舍413新生之友——王国英"，我们目光聚焦在那个站起来的女老师身上，远远地看到她在冲我们边挥手边笑。一散场，我们几个马上去找我们可爱的"新生之友"，然后欢畅地聊起来。整个过程中，王老师一直微笑，很亲切，让人很舒服，如沐春风。

· 西溪骑行之旅

英语四级考完，我们骑着自行车到西溪校区探望我们亲爱的王老师。王老师与我们畅谈她读书生涯的故事。组团翻墙去旅行的经历以及一起冒险过的青春岁月。那时候的我，小心翼翼，对于大学里新鲜的事物都拒而远之，虽然内心十分渴望，但是缺少勇气。王老师娓娓道来，震动了我的心灵，激发了我那蠢蠢欲动的冒险心。

· 选专业的困扰

我是选择困难户。这学期刚开学，我就面临着选专业的苦恼。家里人让我自己做主，可是以我的阅历与见识，很难选择到一条合适的道路。于是，我咨询了王老师。她耐心地给我提供了很多信息。亲切的口吻让我焦虑的心情平静了许多。在一些她也不是很了解的领域，她很严谨地亲自去询问相关老师，并在第二天立即答复我。这一点让我很感动。

王老师是一个很好的老师，原谅我的词穷，找不到别的形容词。感谢缘分，让我们相遇在"浙"里。

王国英老师和结对新生

关键基础阶段的扳道员：
驶过不留遗憾的大一驿站

——记管理学院"新生之友"戚振江老师

戚振江，男，管理学博士，浙江大学管理学院教师，浙江大学大类课"管理学"课程组成员，浙江省精品课程"管理学"骨干教师，面向本科与硕士生主讲"管理学"、"管理统计"课程；专注组织行为学与人力资源管理领域的理论与应用研究，已发表近20篇学术论文，主持国家自然科学基金与省部级项目数项，担任多家企业管理咨询顾问；连续多年担任本科生班主任，四次获得浙江大学"优秀班主任"称号。他始终秉承学习认知、学以致用、学习与人共事、学习立身的教育理念。

记者采访

文／许冬晴

三个年头，三届新生，三年以来的"新生之友"工作让戚振江老师积累了不少经验：拿到联系卡，建立 QQ 群，相约一长谈，延续一岁情。和别的"新生之友"一样，他"只是做了应该做的"；但也和旁人不同，他对"新生之友"有着自己的理解，有着自己的感受，也有着自己的一套工作理念以及一套与学生沟通的好方法。

三年的"新生之友"工作中，戚老师亦师亦友，用最大的努力，全方位地帮助新生们适应大学生活，走好大学的第一步。

学习规划"辅导员"

从高中到大学的学习方法的跳跃，是很多新生首先需要面对的挑战。戚老师十分在意这一点，于是以学习为切入点，关心和帮助着同学们。

对社会科学试验班的女同学来说，数学可谓一块"硬骨头"，虽硬却又不得不拿下。在学习数学的过程中，戚老师自身的学习经历给了她们很大启发。"戚老师人很好，一直在不停地帮助我们。"一年来，2013级的四位女生都取得了丰硕的学习成果，其背后离不开戚老师的督促和指导。每每在选课阶段和期末考试前，他都会短信或QQ留言，做好温馨提醒，尤其重点提醒她们加强平时的课程学习，切莫临时抱佛脚，更不要出现任意缺考或挂科的情况。"浙江大学提供的是一个前后关系密切的环境，缺考、挂科这样的记录会给同学们带来很多意想不到的消极结果。"戚老师看过很多令人痛心的案例，所以希望这几位女生能充分发挥自己细腻、认真的优势，用勤奋攻克学习上的难关。

不只是学习上的提醒和教导，戚老师还成为寝室作业的调查对象。在"思想政治教育"课的访谈任务面前，寝室同学不约而同地想到了戚老师。针对"如何做一名优秀的教师"问题，他娓娓道来自己的教学体会、工作心得以及对同学们的关注和期待。虽然同样作为老师，"新生之友"对于同学们而言，"知心朋友"的意味更强，更容易产生相互的心灵碰撞。

正在修读戚老师管理学课程的金玮、张文静借采访之机，跟戚老师进行了更为深入的探讨：比如管理学作业该如何完成，小组展示该注意哪些要点，怎样将管理学知识适用于自己的生活和学习……"长时间的交流和管理学课程的学习让我发现管理学并不是如我想象的那样。"张文静谈道，"戚老师是个非常优秀的管理学老师，让我觉得管理学真的有料，也让我觉得管理学学下来真的有价值。"对于张文静和金玮两位同学来说，戚老师更多了一个"严师"身份，也平添了一份更为深刻的教导。

专业选择"启明星"

谈及"新生之友"工作的重要性，很多同学都认为最要紧的恐怕要数专业确认过程中的指导了。对于新生而言，专业确认工作需要独立完成，是人生重要的转折点，虽不是全部，却实实在在地考验一个人综合决策的判断力、前瞻性，涉及学涯规划和未来的职业发展取向。而这一过程中，家长也往往心有余而力不足。

在专业确认前，戚老师就主动找到四位同学，向她们强调了选专业过程中的三个要点：首先，要了解专业的构成和现状，从它学什么、就业状况如何、自己是否合适且能胜任等角度加以全方位了解。其次，通过各渠道全方位地了解专业。不论是各院系的相关部门，还是学长学姐、专业老师，都是了解专业的良好渠道。最后，熟悉专业确认的具体流程、评选细则中的成绩比重等。作为一名管理学院的老师，戚老师不忘叮嘱她们管院对于人才培养的多元要求以及面试要点，希望以最大的努力帮助她们稳妥地选到自己心仪的专业。

郑韵诗对戚老师在专业确认过程中给予的帮助感激不尽。"在选专业的时候，我曾打电话给戚老师，向他深入了解人力资源管理专业的具体情况。"郑韵诗喜欢人力资源管理专业，但担心这类专业没有太多技术含量，加上不够自信，内心充满了犹豫和忐忑。戚老师跟她说，除了财务管理和会计专业外，管院的其他专业在学习过程中容易止于皮毛，但只要在学习中多加思考，深入联系实际，就会发现其深层次的实用性和复杂性，也就会了解其中的奥秘。"一下子豁然开朗了。"郑韵诗感慨道。由于戚老师提供了很多宝贵的面试技巧建议，郑韵诗信心大增，最终得偿所愿进入了心仪的人力资源管理专业。

"我一直跟同学们说，专业和自我的对照尤为重要。专业是怎样要求的，而学生自身的兴趣、特长又是怎样的，如果找到两者的契合点，才是真的'选对了专业'。"戚老师希望专业可以成为同学们人生的跳板，让他们飞得更高、更远。

人生列车"扳道员"

正如列车行驶中扳道员之于正确轨道的选择的重要性，大学学涯规划和抉择也需要经验丰富的长者进行正确的引导。"大一最关键，所以'新生之友'承担了为同学带路引航的重要角色。"这是戚老师做"新生之友"的初衷，也是他多年班主任经历所留下的深刻感受。

"对于浙江大学的大一学生而言，不仅要面临从高中学习生活模式向大学模式的适应，还要从单一学业成绩的提高向自我综合管理能力的提升的目标转变，这种适应和转变在大一阶段尤为关键。"在担任两届班主任的过程中，戚老师碰到了两位特别的同学——一位因心理自卑问题导致不断缺考最终延毕，一位因无法平衡创业和学业而遗憾肄业。他们坎坷而令人遗憾的大学经历，都让戚老师更深地体会到大学生涯规划引导对处于"大一"这一关键时期的同学们的重要意义。"'新生之友'一定是自愿的，一定要出于自己的责任感。"作为老师，"对学生负责"永远是戚老师信奉的准则。

戚老师从生活、学习、心理多方面对自己对口寝室同学进行了深度关注。"女生更听话一些，于是我更关心她们是不是会封闭自我，不擅长交际。"为确保得到的信息的全面性和真实性，戚老师更乐于从侧面去关心、了解同学们。"你们寝室的谁谁最近情况如何"是他最常问的问题。同学们比较腼腆，不太主动来找"新生之友"。于是戚老师化被动为主动，积极去联系她们、了解她们，主动提供关怀和帮助。

作为一名管理学教师，戚老师也常向同学们强调管理自我生活的必要性。怎样学习管理学就是怎样学习每门课；怎样应用管理学就是怎样管理自己的人生。戚老师希望自己的学生也可以真的管理好自己的大学、管理好自己的人生。"浙江大学的学生智商都很高，我们需要进一步关注的是情商的提升。"

谈及心得，戚老师十分谦虚："担任'新生之友'以来，其实我也只是做到了用心对待学生、给予力所能及的指导和帮助。这是肩负'教书育人'重任的大学老师应尽的职责，希望以后的工作会越做越好。"

128

学生眼中的新生之友

丹阳2-508寝室

◎ 金 玮

　　"新生之友"寝室联系制度是学校教职工与本科一年级学生寝室建立联系，并开展学业指导和思想政治教育的工作制度。该制度旨在以老师与新生寝室结对的形式，帮助新生适应大学生活，正确认识大学教育与专业学科。非常感谢学校的这一制度，让我在刚踏入校门便遇上一位"引路人"——戚振江老师。

　　即使在通信工具日益发达的今天，面对面的交流依然是人际交往不可或缺的形式。而刚踏入大学校门的我们，在学习上、生活中遇到各种困难，这时，与老师面对面的交流能够促使我们更快、更平和地融入大学生活。戚老师是老师更是朋友，虽然是提供指导，但更多的是像朋友一样坦诚地沟通。在与戚老师的互动中我们拉近了距离，也更全面地展示了自己。这是一个平等的环境，而戚老师也没有讲台上的架子和威严，更多的是为同学们答疑解惑的真诚和热情。

　　"新生之友"为我们每个人提供了一扇窗。通过这扇窗，我们可以更好地了解浙江大学、了解社会、了解世界。与戚老师相识已有一个学年，转眼大一即将结束，但我们与"新生之友"的情谊不会就此终结。我们坚信我们之间的友谊会长存。在人生路上，因为有他，我们懂得了许多；有他，我们不会迷茫；有他，我们的未来充满希望。

◎ 张文静

在刚进大学、对大学生活感到一片迷茫的时候，我感到十分痛苦。有一天，我的"新生之友"戚老师主动和我聊天，于是一点点地解开了我心中的困惑。

那时的我十分稚嫩，每次在偌大的校园里行走都会产生莫名的孤独与无助感。和戚老师交流后，他告诉我，大学的生活会有些孤独与不安，但重要的是要在这些孤独与不安之中找到自我，坚持自己的目标。在那之后，我学会不断地调整自己的方向，寻找并确立自己的目标。

大学的学习让我感觉到了莫大的压力与不安，甚至有时候在心里会不断地拷问自己到底应该怎样才能做到最好。前辈走过的道路总能给我们一些启示与帮助。戚老师告诉我说，要多读书！他告诉我只有在书籍中才可以真正地找寻心灵的安静。

在这学期，我很幸运地成为戚老师"管理学"课程的学生。在他的课上，我能够了解到管理学的真谛，同时也不断地感受到戚老师深厚的文化底蕴。

我想大一的这一年，因为"新生之友"这个制度，我得以快速地成长，迅速地适应大学的学习。戚老师对我的帮助很大，如果可以，我希望和戚老师成为永远的朋友！

◎ 郑韵诗

初次见到戚振江老师是在开学后不久。我在室友的陪伴下胆怯地踏进管院大楼，当时的心情既期待又害怕，毕竟近距离和浙大的老师谈话，还是第一次。但经过这次谈话后，我发现戚老师风趣幽默、平易近人，给我一种亦师亦友的感觉，这让我悬着的心放了下来。第一次见面，我们谈了很多关于"大学"的事情，有关于学习、关于生活、关于专业等等，让我对"大学"有了初步的了解和认识。

由于一开始不了解"新生之友"寝室联系制度，因此对于"新生之友"，我起初并没有太在意。然而，老师一次次热心地联系我们，让我们感受到了无限的被重视与被关心。在真正的越来越深地接触过后，我才理解到学校组织这个活动背后的深意。每个"新生之友"对应一个寝室的学生，无疑更有针对性。提供老师能对我们有更深的了解从而能更为具体地帮助规划、提供建议。每一次交流我都觉得有别样的感触，让我对学业有了大体的了解。也正是在老师的指引下，我思考了自己今后的方向和目标，就足以证明"新生之友"工作的意义重大。在我选专业的时候戚老师更是给予了我很大的帮助。经过他的点拨，迷茫的我终于找到了方向并成功选上心仪的专业。在此我真心感谢戚老师对我们的关心和照顾。

◎ 尹碧涵

来到浙江大学这个大家庭，我的第一感受就是迷茫，偌大的校园里，我竟找不到熟悉的面孔。

此时一声亲切的问候给我带来了春风般的温暖："同学，你是今年刚入学的新生吗？不要担心，有问题就来找我吧！我会力所能及地帮助你们这些新同学适应大学生活。"

这就是我对"新生之友"戚振江老师的第一印象，是他，在我迷茫的时候给了我温暖与光明。

还记得一天清晨，当我走在月牙楼前面的小道上，一声刺耳的大叫声把我吓了一跳。转头就看到一个男生飞速地骑着自行车向我冲过来。电光火石间，我被撞倒在地。

剧烈的疼痛令我不由自主地流下了眼泪。那个男生撞到人非但不道歉，反而自顾自地扶起自行车走掉了。

我生气地喊他："你这个人怎么这样啊，撞到人也不道歉？"

可是那个男生没有理我，而是回头看了我一眼，然后骑着自行车快速地走掉了。

愤怒又委屈，我不由得想到我在家乡的生活。如果此刻我的父母、同学、朋友在我身边的话，他们一定不会看着我被这样欺负。

此时，戚老师的话浮现在我的脑海，于是我拨通了他的电话。他不仅告知我校医院的地址，并且提醒我要带着病历本，最后他还为不能亲自送我到校医院表达了歉意。

我的心突然变得温暖起来，原来在这个陌生的地方，也有人在默默地帮助我、关心我。

感谢戚老师，感谢他让我不再感到孤独。

享受使命：让"新生之友"不再是工作

——记信电系"新生之友"徐新民老师

徐新民，信电系副教授，硕士生导师，2013级"新生之友"。他认为，"新生之友"应该尽早与新生联系和见面，因为他们那时候最需要老师的帮助来解决一些实际问题，可以采用多种信息交流方式联络，如手机通话、短信、邮件、QQ、微信等等。在几个关键时期，新生会特别需要"新生之友"，如刚入学阶段、考试之前、遇到自己无法解决的困难时、假期之前、选专业方向时等等。适时与新生相聚，可以采用各种方式，如聚餐、远足等，多沟通、多交流，真正成为"新生之友"！

133

文／许冬晴

平易近人，热情满满，第一眼见到徐新民老师，这两个词就蹦了出来。徐老师用他亲切的面容和热情的言语，诠释了何为"亦师亦友"，何为"良师益友"。

"'主动'是第一法宝"

"主动"源于热爱，"主动"始于热情。提到自己的"新生之友"工作，徐老师最看重的便是"主动"二字。拿到学生的联系方式后，徐老师迅速和对接寝室建立了电话、网络社交的沟通平台，并展开了全方位的沟通"攻势"。

与多数"新生之友"相似，第一次与同学们见面是徐老师主动安排的。这是他和碧峰1-414寝室的同学们最长的一次交谈。从高中到大学，从学习到社团，从自己的家乡到现在的第二故乡杭州，徐老师放下师长的架子，和这四个年轻的小伙讲掏心窝子的话。来自祖国各地的四位新生在杭州并没有亲戚、朋友，和父辈同岁的徐老师亲切的样子一下子就令几个孩子的心暖了起来。

谈到做"新生之友"的心得，徐老师不假思索地讲出了

"主动"二字——这也是他一直以来奉行的准则。"学生们会不好意思，不想打扰你，也会十分忙碌，所以并不经常主动找我们'新生之友'。作为'新生之友'，主动提供帮助是第一要务。"徐老师是这样自我要求的。除了定期的线上聊天外，徐老师经常在主修专业确认期间、考试前、室友矛盾期等关键阶段主动询问学生们是否碰到困难，是否需要帮助。"比如上学期学习'微积分'课程时比较吃力，徐老师向我们提供了一些很不错的建议。"肖强提到，老师的指点确实对他们有所裨益。徐老师说："学生们之间的小矛盾在我们这个年纪看来并不算大事，但是他们可能不这么认为，所以我们要给他们适当的提点，这样同学们很快就能冰释前嫌。"

徐老师热爱学生工作，喜欢和学生打交道，这也是他深受同学们喜爱的重要原因。"如果把'新生之友'看成工作任务，我认为倒不如不做。在我看来，它是一种带新生走出迷茫的使命。"

"你们的选择都是对的"

"我在他们做选择的时候，只会告诉他们，你们的选择都是对的。"谈到对学生选专业和社团活动方向的指导时，徐老师颇有心得。

"我们选专业的时候问了徐老师很多问题，他的指导很全面。"学生们说。徐老师作为专业"新生之友"，对学生们选专业的事情十分上心，知无不言，言无不尽。不论是专业宣讲，还是问题答疑，徐老师尽可能客观地把自己的专业建议呈现在学生们面前。"我从不会说自己的专业多好而别的专业不好，客观地讲，浙大每个专业都是好专业。"徐老师说，"新生之友"的专业建议一定要客观，这样才能最大限度地让学生们选择最适合他们的专业。在学生们做出决定时，徐老师一直鼓励他们："你们的选择都是最正确的。"他始终认为兴趣和自己的预估是选择专业的主要参考，而老师只是信息提供者。"他本人虽然是信电系的，却没有对我们做偏于信电系的宣传，而是客观地分析各个专业的特点，这一点我觉得还是比较难得的。"不负众望，四位学生都选到了适合自己的专业，分别成为信息工程、电子科学与技术、测控技术与仪器和软件工程专业的学生，并一直坚持着自己所爱。

　　"在选专业之前，我们对选专业的事情比较困惑，徐老师为我们分析了各个专业的发展方向以及可能的利弊。"肖强说，徐老师用自身转换专业方向的例子告诉他们，专业确定并没有想象的那么可怕，热门的专业有时未必就是好的。在选择确定之后，徐老师也不忘时时鞭策和提醒。"徐老师常跟我们说，专业的热门与否并不会影响它的发展，我们需要做的是将专业学精。"作为专业导师，徐老师对专业与未来有更宽广的眼界，也有更多的心得和建议。他时常督促同学们学习，询问专业近况。谈到这几个孩子，徐老师十分欣慰地说："四位学生都十分努力，十分上进，虽然没有个个名列前茅，但他们都在靠自己的努力做着改变。"

"像朋友一样的关怀"

除了学业,"新生之友"更多地承担了生活友人的角色。作为一个在浙大、在杭州待了很多年的"老人","新生之友"给同学们在各个方面的帮助都显得十分重要。

"去哪里玩,去哪里吃饭,尽管我们约了很久还是没有实现,但我都希望能给他们营造一种和谐的氛围。"徐老师和同学们见面并不多,除了去"浙里吧"长谈和在寝室畅谈外,他们的沟通更多是在线上。尽管少了一些面对面的交流,但轻松的网络环境让他们的沟通毫无障碍。虽然年龄上已经接近学生们的父辈,徐老师却是个网络达人,QQ、微信轻松玩转,从没落在人后。徐老师十分看重与学生们的线上交流,希望能最大限度地融入学生的生活。"线上聊天跟见面比确实有缺憾,但它是一个即时沟通、随时分享的好平台。"

"徐老师对我们的生活也比较关心,他会常常询问我们在生活中是否遇到困难,询问我们假期安排等,建议我们重视身体的锻炼。"尤其在社团活动上,徐老师常常会给学生们提出一些建设性的意见。"我跟他们讲,社团活动不要过多,不要穷于应付,要选择最喜欢的,并坚持下去。"肖强对魔术很痴迷,小小的魔术秀让徐老师十分惊喜,这份对魔术的热爱被徐老师大加赞赏。"同学们的业余生活也应该丰富,在不影响专业学习的前提下,应该花心思去做。"

"我一直都跟学生打成一片。他们跟我的孩子差不多大,看着也就格外亲切。"在徐老师看来,"新生之友"更多的是朋友,应该像朋友一样聊天,像朋友一样关怀他们。新一年的"新生之友"名单中又有徐老师的名字，他希望用自己的实践去丰富自己的"新生之友"经验，为学生们提供更多的帮助。

"第一年做'新生之友'，虽没有太多经验，但我有很大的热情。"徐老师在交流会上听到其他"新生之友"的分享后，觉得自己的经验并不丰富，但对自己的热情和心得十分自信。"我碰到的学生们都挺和谐的，也没有碰到太大的困难，因而也没什么精彩的故事。"但看得出，几位学生受益于徐老师的教导，能够平稳地走好大学人生，也不失为一种平凡的美好。"下一年，会更多地带学生出去玩，也会更多地跟他们交流想法。"徐老师对新一年的"新生之友"活动充满了期待，并希望能让自己和所带的学生们之间形成深厚的友谊。"不论什么时候，只要有需要，一定提供最大的支持和帮助。"这是徐老师对学生们的承诺，也是他对自己的承诺。

"徐老师真的很好，很是和蔼可亲。希望老师能一直快快乐乐。"这是学生们对徐老师的祝愿，也是徐老师给一年"新生之友"工作交上的最好答卷。

学生眼中的新生之友

◎ 方伟鹏

当我们还在刚进入大学的不安和迷茫中挣扎时，我们的专属"新生之友"——徐新民老师来到了我们的身边，以一种长者或朋友的姿态来跟我们谈心。

起初，我以为"新生之友"是类似班主任的存在，然而，当他多次主动与我们联系，询问近期的学习状况以及是否有困难时，我的想法发生了变化。

在我们的面前有这么一位为我们付出真心的老师，他是我们 414 寝室四位成员的"新生之友"，为我们四人负责，这让我深深地感受到我们是被他人所关怀着的。

我不知道其他寝室的"新生之友"是如何做的，但是我们的"新生之友"确实尽到了他的职责。

犹记得第一次在"浙里吧"与他的交谈。第一次，我们难免都会有点小紧张，不知道如何开口。但是他没有一点老师的架子，而是亲切地询问了我们的家乡在何处，问我们是否适应大学的生活。接着询问我们的学习状况以及困难，他说："我们不一定只能谈论学习方面，大家也可以讲讲生活

为了学生一切

139

上遇到的困难，我都会尽力帮大家解决的。"有了老师的开头，我们就开始询问有关专业方面的问题，以及一些生活小技巧。他还分享了一些他过去的经历。最后，我们留下自己的QQ号，与老师建立起网络上的联系。就这样，我们度过了第一次见面的愉快时光。

在接下来的日子里，我们与老师经常在QQ上谈论一些问题，并时常约定一个空闲的时间段见面，进行详细的探讨。他的建议对我们来说是极其宝贵的，能让我们少走许多弯路，更有效地利用资源。我们还约定在大学四年里经常聚一聚，如朋友一般。

亲切、负责，这就是我眼中的"新生之友"。

◎ 姜成全

我和我们的"新生之友"徐新民老师见面的次数不多，但每次见面徐老师都和我们谈了很多，对我们在学习和生活上的许多疑问做出了解答。不仅如此，徐老师还像朋友一样和我们谈论各种各样的事情。

当我们在学习上遇到一些困难的时候，比如上学期学习"微积分"时，我们学得比较吃力，徐老师向我们提供了一些很不错的建议。在选专业之前，我们对选专业的事情比较困惑，徐老师为我们分析了各个专业的发展方向以及可能的利弊，并且告诉我们无论哪个专业其实都没有太大的区别，他本人也是从计算机转到信电，而且一个专业不可能保持热门太长时间，热门的专业有时未必就是好的，社会的发展很快，可能几年后情况又跟现在完全不同。徐老师建议我们只要选自己感兴趣的专业就行。他本人虽然是信电系的，却没有对我们做偏于信电系的宣传，而是客观地分析各个专业的特点，这一点我觉得还是比较难得的。徐老师对我们的生活也比较关心，他询问我们在生活中是否遇到困难，询问我们参加社团活动以及假期安排等琐事。他还建议我们重视身体的锻炼。

总而言之，徐老师给我最深的印象就是非常亲切。他对我们的学习和生活都非常关心，对我们提出的问题都耐心地给出解答，按他的话来说："我们之间就应该像是朋友一样。"

◎ 吴武超

第一次见到徐新民老师之前，我觉得"新生之友"的作用并不大。当时我的目标专业是计算机科学，因此对信电系的信息并不看重，但是当时徐老师说的一些信息还是给我些许启示，比如徐老师说要从长远的眼光来看待专业，他自己本身也是从计算机方向转向过来的，但是现在是信电系的教授，研究方向是传感器方向和无线控制，他还说一个专业不可能长久热门，因此要选择你真正想去的专业，获得你想学的知识才是真正的长久之计，比如当年的诺基亚和现在的诺基亚，以及那些昙花一现的国内手机企业比如科健、熊猫、波导等，其实我们现在的专业也是如此。他说和计算机系相比信电系的就业前景虽然没这么热门，但是在可持续发展方面还是很有优势的。后来我选择了信电，不得不说徐老师的话对我产生了很大的影响。

有次面谈，我说了对信电系课程比较难的担忧，徐老师说课程越难你的不可代替性也就越高，这意味着你将来的价值也越高。我觉得这话很有道理，坚定了我在信电系这条路走下去的决心。

最后要感谢徐老师在百忙之中抽时间来和我们聊天，解答我们的疑问。

◎ 肖 强

刚进入浙大，就听闻浙大有"新生之友"这么一项异于其他学校的特色，也正是这样，我有幸结识了大学的一位师长、朋友。

徐新民老师是一位和蔼的长者，是他，在我们开学之初为我们驱散了大学生活的迷雾。是他，为我们解开了各个专业的迷惑。是他，一点一滴影响着我们的学习与生活。

尽管徐老师平时工作十分忙碌，但仍然关心着我们，时不时地邀请我们出去小坐，谈谈人生与理想、未来与希望。还记得第一次与老师相约，老师脸上那慈祥的微笑便给我留下了深刻的印象。他与我们谈论新生在大一的迷茫，五彩缤纷的社团生活，活跃的课堂，多元的课下文化生活。他教导我们如何适应大学多彩的生活，让我们注意平衡学习与课余生活。

目睹我们在大学生活中的成长，徐老师感到十分欣慰。他鼓励我们发展自己的兴趣、爱好，多参与社团的活动。他说，学习固然重要，但不能读死书，适当地参与社团是必要的，兴趣是最好的老师。他说，选专业亦要跟随自己的心灵，不要盲从热门专业，而是选择自己感兴趣的，只有这样，我们才能在快乐中学习，从学习中寻找快乐！在今后学习、工作中才不会厌烦，会愈来愈有干劲，从而能走上一条自己的道路。

徐新民老师和结对新生们

喜欢，
让一切变得自然而然

——记农学院"新生之友"马忠华老师

　　马忠华，农业与生物所技术学院教授、入选科技部中青年科技创新领军人才，2013年获浙江大学竺可桢学院"十佳"专业指导导师，讲授多门本科生和研究生课程，得到了师生的一致好评；主要从事植物病害防控研究。

　　作为一名"新生之友"，他身休力行，邀请优秀学生、学长和青年教师一起开展"新生之友"工作，以身边事例引导新生如何做好自我管理、尽快适应大学生活；利用各种交流平台，为新生在专业确认和生涯规划上提供参考、指点迷津，努力做新生的好朋友。

文 / 李宁

2012 年马忠华老师承担起了"新生之友"工作，在工作中得到极大满足的他，于 2013 年 9 月再次主动请缨，担任了紫云 5–405 寝室的"新生之友"。第二次从事"新生之友"工作的他，显得更加喜欢这份工作。

兴趣，是一切的基础

对马老师的采访，是在中午，马老师牺牲了自己吃饭的时间。"第二次"，马老师伸出两根手指，自豪且欣慰，笑着强调，"这是我第二次做'新生之友'，去年带的四个男生，今年四个女生，他们都很好。"当被问起为什么选择成为"新生之友"时，马老师向后靠了靠，身体完全放松，"说不清楚，就是喜欢，感兴趣。"嘴角上扬，眉眼含笑，声音中都充满着愉悦。"也许是跟个人性格有关吧，我特别喜欢跟学生交流，相较于研究生来说，本科生的兴趣更加多样，而且浙大本科生的综合素质都非常高，跟他们交流我会非常开心。"

确定结对寝室后，马老师就迫不及待地约她们见了面。协调好自己的各项工作，专门抽出一个上午的时间，请她们

145

到自己的办公室。四名新生开始显得有点紧张、局促、放不开。马老师尽量寻找贴近她们的话题，耐心地与她们聊天。渐渐地，随着家乡、爱好、高中生活等话题的展开，聊天也从一问一答变成你一言我一语，偶尔手舞足蹈，夹杂着互动，办公室里不时传出笑声。

马老师分外重视结对学生的兴趣培养。第一次见面后，马老师就邀请她们来自己实验室参观，同时专门安排实验室内的学生陪同。第一次进实验室的四个人，看着各种运转的仪器，充满了新奇感，不时地发问。实验室的师兄、师姐热情地接待了她们，带着她们观看在超净台工作的过程，讲解注意事项；教她们高速离心机等大型仪器的使用方法；带着她们观察培养箱，介绍各种培养物的生长情况。同时，实验室的本科生也与她们沟通交流，分享实验室的趣事、研究、经验等。

这次参观给郑子欣留下了深刻的印象，"马老师实验室的人都很友好，而且很多东西我都挺感兴趣的。"郑子欣时刻牢记马老师关于学习重要性的告诫，认真地为未来做着准备。"早一点定目标，也许没达到，但一定有一些收获。"这是马老师经常告诫学生的一句话。这几年，在马老师实验室里的七个本科生，有六个出国，被国外知名高校录取。这令马老师感到非常自豪。

换位思考，推己及人

405寝室的四个人，除了上课时间，平时也会一起上自习。谈起马老师，沈倩感触颇深："马老师本身就是一个充满励志力量的人，他跟我们说起他自己的学生时代：每天晚上都坚持上晚自习，坚持学习，从不放松，抓住每一个机会……我就特别佩服。"

新学期伊始，马老师就向学生强调学习的重要性，并为她们敲响警钟，告诫她们万万不可荒废了学业。选课是大学的第一道选择题，新环境下，四个人面对各种各样的课程，难免不知所措。马老师结合自己大学的经历，以及实验室学生的经历，简单给出意见，并鼓励她们发掘自己的兴趣。

专业分流，是大学的一个小十字路口，很大程度上决定了未来的方向。选择专业时，四个人一时拿不定主意，徘徊、迷茫。马老师及时给她们发了邮件，介绍了各个专业的前景、发展，并推荐了相关专业的老师给她们，鼓励她们发掘自己的兴趣，将兴趣与专业统一起来。最后四人都找到了自己喜欢的专业。"我会尽量跟他们多沟通交流，可能他们有时候会嫌我啰唆。但是，就像父母一样，不管怎样总想给孩子提醒一下，让他们少走弯路，也不一定非要他们怎样，只是心里希望他们能更好……"谈起自己的学生，和自己对学生的期待，马老师稍微顿了一下，然后滔滔不绝。欣慰、心酸、企盼种种感情夹杂在一起，让马老师不吐不快。

"我自己经历过学生时代，困惑时就特别希望能有个人指点自己一下。现在，我成为老师了，就想着能够适时地提醒学生一下，让他们不至于太迷茫，不知所措。"

逢年过节，马老师都会给自己的授业恩师打电话问候；出差经过，也总会去老师家看看。"我尊重、爱戴自己的老师，希望自己以后也能被学生这样对待，所以现在就想尽一切可能帮助他们，对他们好。"

寻求外援，弥补自己触及不到的地方

杨文君说："马老师平时工作特别忙，与我们见面的机会非常少，但他会找外援，请一些老师、学长来提醒我们学习生活中要注意的问题。那些老师、学长本身就是充满正能量的人，给我们很大的激励。"

2013年期末考前一个月，正值圣诞节来临之际，马老师邀请405寝室的学生们聚餐，提前过个圣诞节，同时给她们舒缓考前压力。怀着兴奋、忐忑、紧张的心情，四人来到聚餐的地方，发现除了马老师之外，还有一位刚从国外归来的青年教师和一位在马老师实验室做实验的本科生学长。这两位是马老师特地请来给她们答疑解惑的。吃饭期间，师生你一言我一语，贴近的生活话题、趣事，瞬间拉近了距离，紧张、忐忑也被好奇、求知欲替代，她们纷纷与老师、学长探讨学习经验。

聚餐之后，马老师根据情况，为她们安排了实验室的高年级学长，及时跟进她们的生活、学习情况，建立长期的沟通联系，有时也会请一些年轻教师为她们答疑解惑。在这一年里，马老师为新生构建了一个可以随时求助的网络。实验室里刚刚从哈佛毕业的青年教师和很多高年级本科生都是四人学习的榜样。学长、学姐们刚刚经历过大一的阶段，对那个阶段有很深的认识，最有发言权，给她们提供了很多有建设性、针对性的建议。她们对眼前面临的问题和对未来的憧憬，都可以从老师和学长、学姐身上寻求帮助，能更加清晰地认识自己的方向。"马老师经常告诉我们一定要有目标，而且目标要大一些。可以把出国作为目标，大一、大二就开始准备一些简单的东西，最后就不至于手忙脚乱。"谈起马老师对她们的影响时，徐颖菲这样说。

"我现在40多岁了，与她们总会有些代沟，而且平时工作也有点忙，她们有什么困惑、疑问，有时候可能也不太愿意跟我说。"说起"新生之友"工作遇到的困难，马老师有些无奈，有几分遗憾，眉头紧皱。之后吁了口气，又有些释然："我自己不能给她们解决所有问题，就请相关的老师、有经验的高年级学生给她们解答。我希望我做的能给她们一些帮助，也希望自己退休的时候，我的学生能记得我。"

为了学生一切

学生眼中的
新生之友

紫云 5-405 寝室

◎ 沈 倩

第一次见马老师的我对大学生活了解的并不多，和我想象的也有些不同。第一次去浙大的农生环，看到了老师办公室对面的实验室，摆满了试剂、培养皿、不知名的仪器等等，从那时起自己就开始隐隐期待自己也可以在这样的实验室里做实验，莫名觉得很高端。

在马老师介绍了自己和自己的工作后，我感觉老师挺忙的，搞研究，看水稻，全国各地到处跑，一年中和农民伯伯过着相同的生活节奏，从水稻长高、抽穗、灌浆到成熟的每一个生长步骤都要仔细观察，分外忙碌。但是老师并没有忘记我们四个人，也会有邮件来往。上学期临近考试，老师还安排了我们和优秀学长见面，帮我们解决了很多学习上还有生活上的困惑，

虽然一起吃饭会有些拘谨，但收获却是满满的。

无论是刚进校园，还是迎接期末考试，抑或是选专业，这些大学一年级生活中最重要的环节，老师都十分关心，还给我们有用的建议和指导，让我们感觉更有方向，更知道自

己在大学里接下来的几年大致要做的事。

马老师是我大学的第一个导师，也是我的榜样。我希望自己也可以像老师一样有学问，在大学里成长为和马老师一样的人。

大一马上就要结束了，也快和马老师分离了，有点不舍。还记得老师的样子，即使分离，我也会一直把马老师当成导师。回想老师给我们讲述的他的奋斗史，觉得自己就也要加把劲呢，加油！

◎ 徐颖菲

第一次与"新生之友"见面的时候，我们带着忐忑不安的心情走进实验大楼。我和室友们谈起这次见面，都觉得马老师刷新了大学教授在我们心中的印象。他赶来与我们见面，热情地叫我们坐下谈天，他告诉我们大学四年应该早早做好准备，为将来的发展打下坚实的基础。他从自己的大学经历有无言的汗水与默默的付出开始谈起，谈到当代大学生的发展以及迷惘。他笑着将他的人生经历一一道来，表示为人处世应不在乎他人的目光，毅然前行，在艰苦的条件下刻苦学习终有所成。他坚信社会上存在公平和正义，富裕程度并不是衡量一个人是否成功的指标，只有你自己的不断进步与升华，才能带给你内心的满足。他希望我们能够努力学习，拓宽自己的视野，建立平等的观念，丰富自我，不浪费珍贵的大学时光。他为我们指明了一个方向，一个我们可以为之奋斗的目标。感谢他！马老师是一个优秀的领导者、一个优秀的老师。

第二次见面是大一第一次期末考的备考月。意料之外，马老师居然邀请我们吃饭，同时带了一位大四学长与一位青年教师。马老师向我们介绍了他们，鼓励我们要好好学习考出好成绩，在选专业之时能有更大的余地。那天，他讲了许多，关于备考，关于专业，关于诚信。他一再提醒我们诚信的重要性，表示现在一些大学生到了大学之后就开始放松自己，对诚信一词失去了重视，因此走上歧途。

◎ 杨文君

马忠华老师对我最大的影响，是领着我接触"出国"——生命中的一段旅程，让我憧憬国外的学术氛围和不一样的或者说是更广阔的看待生活的方式。马老师用自己的故事来启迪我们，他拼搏的血泪、他国外求学获得的全新视角等，虽然听讲座也能听到许许多多人把自己的亲身经历作为引子，但我们四个与马老师面对面那么坐着，收获的是真诚和对我们的关心和耐心，这绝不是通过讲座能感受到的。

"谦逊"、"目标"，这是马老师言传身教的。可能这么两个词看上去很空，但是马老师讲来却让人受益颇多。大学是起点而不是终点，他带我们参观实验室，告诉我们计划的重要性，譬如对于出国这一项目标，要提前两三年就有意识地去准备，不要面临是否选择出国的时候，发现自己完全没准备、没资格。这样一切期望都会归为零。

每一次与马老师见面后，我内心满满的斗志总是能被激发。马老师与我们一起吃饭、聊天，话语中有鼓励和指导。他会联系自己的学生、优秀的青年老师为我们解惑，这也是大一还处在对未来、对大学迷茫时期的我们找寻方向的一大助力吧。

关于专业，马老师在我们进入大学不久就与我们聊过不少。但开始选专业的时候，马老师并没有联系我们，直到距离选专业结束还剩近一星期，马老师才询问我们关于专业选择的情况，告诉我们有问题可以一起与他交流。马老师并没有一味地以关心为名给我们灌输诸多他的想法、观点，而是给我们空间，看清自己需要什么，充分地信任我们，然后适时地点拨、指导。当事情尘埃落定之后，回过头来看，我清楚马老师的方式才是真正关心我们的方式。

一个走过生活中的艰辛坎坷的人，在面对我们一群初出茅庐的年轻人时，郑重回应。一个工作中辛勤、忙碌的人，在我们需要时耐心地倾听、拜访时热情地接待。有师如此，夫复何求？一直听说大学不像高中，而马老师正好弥补了大学里"一堂课，一教师；一考试，离教师"的缺憾，真的很感谢"新生之友"制度将马老师与我们紧密联系在一起。

◎ 郑子欣

迈着稳健的步伐，远处走来的是我们寝室的"新生之友"——马忠华老师。

还记得当初第一次见面的时候，初进大学校园的我们，带着欣喜而又有些忐忑的心情，穿过浙大校园，来到马老师的办公室门前。灯黑着，办公室外面是还在桌前看书、看论文的学长、学姐们。在门口等了一会，看见远远的出现了一个挺拔的身影。走近了看，是一个带着笑容的伯伯，招呼着我们，"等挺久了吧。""没有，刚到呢。"简单的寒暄一下子拉近了我们的距离。

第一次见面难免会有些紧张，但马老师的言语总是适时地让我们觉得舒服，他很细致地问我们刚到学校的适应情况，对大学生活的畅想，和我们分享他的大学和工作的故事。时间不知不觉从马老师口中有趣的话语里流淌过去，办公室里时不时传出的笑声让我对面前这位"新生之友"充满了喜爱和崇敬。

第二次见到马老师则是在上个学期末，离期末考试还有一个月左右的时间，他带着一个即将出国深造的优秀学长和一位青年老师一起来和我们共进了一次晚餐，不能说不受益匪浅。其实我在大一上学期一直都很迷惘，不知道自己大学的目的是什么，不知道时间该怎么规划，社团学习和课外生活的时间不知道该怎么分配，不知道自己到底算是一个什么样的人。但从那一天以后，虽然我并没有从这一次晚餐里知道自己是个什么样的人，至少我知道了我大学将要成为的是一个什么样的人，至少我知道了在大学里优秀的人会有多优秀，至少知道了每个人都该实现点什么，至少让我在最后一个月里不那么迷惘地不知所措，至少让我拿出勇气在最后一个月好好复习一个学期里冷落的科目，让我立下目标，并勇于去追。

最后得到的结果是好的，我想感谢的是我自己，更要感谢的，是马老师，感谢他在那个时候的点醒，让今天的我感谢昨天努力的自己。

马老师的亲切和负责，并不只有我们寝室的孩子们能看

154

到，我所认识的一个学长是在马老师的实验室里，而他一直说，马老师不像很多老师那样，一下课就没影，马老师常常会在办公室里，如果有问题想问他，一般都能找到。亲切且和蔼，严肃且认真，成为马老师的学生是一件很幸福的事，这是那位学长对马老师的评价。而我们，也这样幸福地成为马老师的"友之新生"，转眼一年就这样过去，回想这一年，多的是感动，更是感激。

我们的"黎叔"

——记计算机学院"新生之友"宋明黎老师

宋明黎，男，计算机学院副教授，2013年起担任碧峰3-601寝室"新生之友"。自担任"新生之友"以来，积极与联系寝室交流和沟通。从思想上、学习上、生活上关心每位联系同学的成长，帮助他们顺利度过大学第一年，他认为，"新生之友"是一项光荣而有意义的工作。对同学而言，通过"新生之友"可以克服初入大学校门的陌生感和无所适从，更迅速、更顺利地融入大学生活。对教师而言，可以更细致地了解新生的所思、所求，更有针对性地提供思想上、生活上、学习上的帮助，对于树立同学开朗乐观、积极进取的生活观、学习观起到了很好的引领作用。

文／梅林蓉

"黎叔这人，看上去就平易近人，跟他接触后更加感觉彼此之间就像兄弟一样。"王皓民这样形容他的"新生之友"宋明黎老师。他和同寝室的许睿、江迪、黄奕程一道儿，都亲切地称呼宋老师为"黎叔"。

"黎叔"爱和同学们聊天，四个同学也喜欢向"黎叔"提问，和"黎叔"分享。在同学看来，和"黎叔"聊天没有严格的"师生"差别，没有拘束，却能够获得很多有用的知识。

157

新生的领路人

开学伊始，"黎叔"就通过电话和邮件与寝室的四位男生取得了联系，并特地从玉泉校区赶到紫金港校区与同学们见面。"黎叔"非常重视新学期的第一次交流，六年的班主任经验告诉他，大一对大学生来说是最为关键的一年："由于大学的学习、生活方式等与中学有较大不同，学生容易出'问题'；特别是以前被父母、老师管得比较紧的学生，一进入大学自由的环境，会遇到许多困难。""黎叔"提前给四位同学打了预防针："上了大学，千万不要'水'过去。所谓的'60 分万岁'一定会有问题。"另一方面，他也给四位同学打气，"大一时学习劲头有可能会下降，但是不用担心。只要你拿出高中时学习的劲头，甚至只要一半的劲儿，就一定能学好。"

"诸位在校，有两个问题应该自己问问，第一，到浙大来做什么？第二，将来毕业后要做什么样的人？"开学之初，"黎叔"援引竺校长的"两问"，和同学们讨论大学生活。按照他的理解，竺校长"两问"就是传达这样的意思：每个人要能对得起自己，对得起家人，对得起社会。他希望同学们好好思考大学四年的生活。他和同学们谈理想，谈未来，给他们的大学生涯指明了方向。

"黎叔"对新生的担忧，来自于他以前的一个学生的事例。那个学生因为感情受挫一蹶不振，最终延毕。这对"黎叔"的打击很大，他下决心，一定要关注学生的心理状况，关注他们的思想动态。

利用 QQ，"黎叔"密切关注着同学们的动态。按他自己的话说："我是一个很 sensitive（敏感）的人，常常担心学生会出'问题'。"寝室的四名同学中，哪位同学畏惧考试，哪位同学有感情问题，"黎叔"都清楚。也正是基于对同学们的深入了解，"黎叔"才能"适时出击"，及时给他们提醒和帮助。

158

学习的助力者

"黎叔"了解到同学们对信息类专业的意向之后，向他们全面介绍了学校信电、光电、计算机、控制、生仪等相关专业的历史沿革、发展现状及各自的特色，同学们对专业的模糊概念逐渐明晰。"黎叔"还联系当前行业发展情况介绍了每个专业的就业前景，结合自身经历解释了与专业相关的职业生涯规划。这样一来，同学们在选专业时就多了一份选择的自信。

有两个同学因为学习《线性代数》比较困难而向"黎叔"诉苦，"黎叔"就为他们介绍了日本教授高桥信所著的《漫画线性代数》。这本书以漫画形式介绍线性代数，深入浅出，很有启发性。同学们都说："看了黎叔推荐的那本书，对于线性代数的前几章都比较有把握了。"此外，"黎叔"还帮大家找到了一些学习《线性代数》的网络资源，如参考资料和课件。从此同学们不再诉苦了，他们之中的两位同学成为"绩点霸"、"学霸"。

"黎叔"和同学聊学习的时候，并不是摆着"老师"的架子，而是以一种"过来人"的身份给他们讲述自己的经验。"黎叔"深知沉迷游戏对同学们的严重负面影响，但他并没有直接禁止同学玩游戏。他告诉同学们，每年学校都有相当一部分同学因为沉迷游戏而退学。"黎叔"希望以这样的方式引起同学们的重视。王皓民说："我印象最深刻的就是黎叔说的'玩游戏还不如读点书'，这话对我来说很适用。"

刚从美国回来不久，"黎叔"就联系同学们聚餐，并给同学们带回了来自华盛顿大学的钥匙扣纪念品。黄奕程对这个小礼物很感兴趣，围绕着纪念品上的"W"向"黎叔"提问。"黎叔"还介绍了他在华盛顿大学的学习、生活以及他的所见所闻："华盛顿大学有一大片樱桃树"，"我的学生在亚马逊的实习工资每月有6500刀"，"在美国我特别想念我们的豆浆、油条"……一方面，同学们对"黎叔"所描述的大学心向往之；另一方面，也不禁被"黎叔"的幽默和健谈逗笑。

生活中的"黎叔"

对四位同学来说，"黎叔"不仅是可亲可敬的师长，还是一个生活上的"百事通"。他常常和四位同学聊天，鼓励他们参加浙大特有的毅行①，建议他们游览五大校区②，介绍他带过的学生的经历，甚至是哪里的火锅好吃、哪里的风景好看，"黎叔"都不厌其烦地给同学们推荐，并乐在其中。QQ群里欢乐的聊天记录记载着他们走过的这一年美好时光。

生活中的"黎叔"，真正成为同学们的家人。一天下午，四位男生有事到玉泉校区去，并兴致勃勃地计划着和"黎叔"的见面吃饭。"黎叔"当时在美国，那时正好是美国时间的半夜，他睡梦中接到了他们的电话。"他们和我说在玉泉，很激动地和我聊了一会儿，还问我有没有空一起吃饭。后来我只好说，'我在美国，聊得差不多了，我要睡觉了。'"回

160

---

① 毅行：浙江大学一项传统项目，从玉泉校区沿山路至之江校区，每年校内都会组织春秋两季毅行活动。意在向浙大校友传播浙大毅行文化，发扬浙大西迁精神。

② 五大校区：紫金港校区、玉泉校区、西溪校区、华家池校区、之江校区。

忆起这段趣事，"黎叔"哭笑不得。

"我觉得'新生之友'比班主任更有特色，班主任管的人太多，而'新生之友'是针对一个寝室的，可以形成一个更加紧密的团体。""黎叔"他们的小团体，在自己的 QQ 群里提问、聊天，不亦乐乎。

"黎叔"的小团体，也会一起吃饭。"江迪这几天在跑步，说他要减肥。"徐睿向"黎叔"爆料。"是吗？那他减肥成功了请我们一起吃饭吧。""黎叔"乐呵呵地回答。"黎叔"和同学们聊天中，没有以"老师"的身份自居，而是以一种同辈的身份，抑或是一种"兄弟"的身份和同学们对话。他也乐于和同学们分享。正是在这样平等而自由的交流中，他们建立了深厚的感情。"黎叔"、"黎叔"……同学们都这样自然、亲切地叫着，把"黎叔"当作自己的一个朋友、一个亲人，然后，才是一个老师。

"'新生之友'工作虽然一年就结束了，但因为是自己联系的，也可以保持四年。""黎叔"这样看待他短暂的一年"任期"，希望能和四位同学保持长期联系。这四个男生也感到非常幸运，在浙大的学习生活中，能有"黎叔"的陪伴。正如黄奕程说的那样："我们的关系从未因时空上的距离而疏远。"他们对"黎叔"的感情，也该是深深沉淀在心底的吧。

学生眼中的
新生之友

◎ 黄奕程

我们的"新生之友"是宋明黎老师，还没见面时，他就让我们称他为黎叔，那个时候，我开始有点理解到了"新生之友"的含义。

顾名思义，"新生之友"就是新生的朋友，帮助刚到大学的新生适应大学，这就是他的义务，黎叔当然做到了这一点。黎叔与我们见面时就开始将大学一般会有哪些事情告诉我们，尤其是怎样做会出现一些大学生的普遍毛病，如松散、懒惰等。我都将这些作为警诫自己行为的条例，更重要的是，由于我们关于专业的认知不够，他积极主动地为我们尽可能多地讲解。当然，我相信这一点许多人都能做到，那种朋友之间交谈的气氛也是用文字不足以言表的，在此就不多言。

除了上述之外，黎叔当然有他不一样的地方，黎叔很忙，这是可以肯定的，我坦言，黎叔与我们只见过一次面，因为他一直在美国，然而我们之间的交流并不受国界的影响。黎叔在美国这一点让我对他很崇拜，也算是一种对我们的鼓励吧，更重要的是，他每到美国大学的一个地方，都会

发一些照片回来，让我们对美国有更多的了解，拓宽我们的
视野，他会时不时给我们讲解美国发生的一些事、美国人的
观点与风俗，从不厌烦，在这一年的时间里从未间断。现如
今，我们已经不是新生了，他的行为，也已经超出"新生
之友"的义务了，我们的关系从未因时空上的距离而疏远，
"海内存知己，天涯若比邻"。

◎ 江 迪

我们的"新生之友"被亲切地称呼为黎叔，我仍然清楚
地记得我们第一次见面时的场景，当时学校要求每个寝室都
要与"新生之友"见面并且做好相关记录以便上交学校。所
以出于完成任务的心态，我们联系了黎叔来学校与我们见
面。当我们见到了黎叔并与其交谈了一会后，我们的心态发
生了巨大的改变。

我们约在寝室会面，我是负责摄像工作的，负责记录我
们与"新生之友"会面的照片。当时黎叔就站在床边与我们
谈大学生活，谈专业甚至谈到像恋爱这类大学生感兴趣的话
题，渐渐地我也被黎叔的话所吸引，连拍照都忘记了。黎叔
为我们大致分析了各个专业，同时告诫我们在大学也不能放
松自己，因为大学仍然是一个充满竞争的地方。到了中午黎
叔请我们去食堂三楼吃了一顿大餐，在餐桌上黎叔又与我们
聊了许多有关生活的话题，其中给我影响最深的就是黎叔开
玩笑说，男人过了 30 就会不断升值，而女人过了 30 就会不
断贬值，所以在大学时还是要多读书，不要完全沉迷于恋爱
之类的事情而误了前途。这句话虽然引起了我们的大笑，但

细想还是十分正确的。

因为第一次见面太专心与他谈话，所以我们没有足够的照片来写有关报告，不免有点遗憾。后来我们希望与黎叔有更多交流，但因为他有事去了美国而不了了之。但是即使处在地球的两端，我们与黎叔的联系依然没有断过，通过QQ我们可以询问黎叔许多事情，而黎叔也会给我们一一解答。同时通过QQ空间我们也能了解到黎叔在美国所发生的有趣的事情。在我看来，黎叔就像我们的良师益友，他是我们在进入大学后第一个有深刻谈话的老师，给了我们许多的建议，他在我们以后的学习、生活中起到了重要的引领作用。所以我认为浙江大学的"新生之友"制度应当保持下去，并不断改进，从而为更多的学子带去福利。

◎ 王皓民

当初，作为一名新生，对于"新生之友"非常期待，据说是新生的一位大朋友。因此，我迫不及待地联系上了这位大朋友。宋明黎，这个名字在第一次通话中被我叫成了宋黎明。我顿时不好意思了，把人家的名字给叫错了。但对方和蔼地纠正了我，并且让我以后称他"黎叔"即可。多么亲切啊！

黎叔第一次来的时候，也是我去迎接的。他给我的第一印象就是这是一位很不错的大朋友，事实也证明了这一点。在寝室里的交谈中，黎叔分析了我们提出的一些问题，并对此做出解答，同时还根据自己的经验给我们提了几点意见。黎叔是计算机科学学院的，想去学编程的室友乘机向他咨询了有关计算机专业的事项，黎叔一一作了解答。

时间总是过得很快，一眨眼，到了聚餐的时间了。餐桌上，我们又聊了关于以后学习、考研、就业的情况。

那次聚餐之后，黎叔有了一项任务，需要去美国。虽然隔着半个地球，但我们还是经常在QQ上交流，互相关心。黎叔将美国那边的风景拍成照片发给我们，算是让我们领略到了异域风情。

我觉得"新生之友"对我们的帮助是非常大的，"新生之友"不仅是我们进入大学的第一位大朋友，而且还是我们人生方向的一盏明灯。

◎ 许　睿

黎叔，是我们宿舍同学对于这位"新生之友"的亲切称呼。平易近人、低调朴实，是我对黎叔的第一印象。黎叔，全名宋明黎，来自计算机与科学学院，是一个40多岁的憨实男人，现正在大洋彼岸进行着计算机研究工作。

第一次见到黎叔，是去年中秋节的假期。那时黎叔刚从美国回来，为下一次的美国之行做着准备。黎叔应约很是爽快，尽管那时还没有跟黎叔见面，但是我们宿舍都对这位"新生之友"产生了一份好感。那一次的见面，是我们和黎叔唯一的见面，次数虽少，却弥足珍贵。我们的宿舍在六楼，算上架空的一楼，实际上是七楼了。那时正值夏季，杭州还没有凉快下来，宿舍也没有电梯，黎叔还是坚持要上到我们宿舍来看一看。就这样，我们在宿舍与大汗淋漓的黎叔愉快地交流了两三个小时，话题从军训、选课，到如何适应大学的生活，如何对于自己的大学生活进行规划，以及对于人生的一些思考。而后，黎叔还请我们到三楼的食堂共进晚餐，饭桌上，黎叔和我们交流了他在美国生活的一些体会，这些对于我们开阔视野起到了非常重要的作用。

虽然由于工作的原因，身在美国的黎叔只与我们见了一面，却经常在线上与我们交流与分享。除了对我们的学业进行指导以外，他还会为我们分享一些国外先进的学术成果，畅谈他在美国的有趣生活。在这样紧密的线上交流下，我们宿舍四位同学都很好地适应了大学生活，并且保持着良好的发展态势。

我想，我眼中的黎叔大概就是一个成熟男人的典范吧。他是我们的导师，也是我们的朋友，能有这样的"新生之友"，我想是一件值得开心的事情。

愿友谊长久！也祝黎叔的生活越来越好！工作顺利！

166

宋明黎老师

既是良师更是"大朋友"

——记医学系"新生之友"卓巍老师

卓巍，博士，浙江大学基础医学院讲师，浙江大学"求是青年学者"。2006 年毕业于兰州大学生命科学学院，获理学学士学位，2012 年毕业于清华大学生命科学学院，获理学博士学位，同年作为引进人才进入浙江大学基础医学院。主要研究方向为肿瘤微环境与肿瘤转移，近年来，在 *Clinical Cancer Research*、*J Pathology* 等国际学术期刊共发表了 13 篇 SCI 学术论文（合计影响因子超过 70）。获 PCT 专利一项。受到国家自然科学基金、浙江省自然科学基金等项目的资助。

文／姚烨欢

卓巍老师仍然记得第一次与他结对的寝室四人见面的情境。

那是一个初秋的下午，东区教学楼的一个角落。

彼时刚以清华博士毕业的身份来到浙大工作的他回忆起当时的心情，也是颇为忐忑的，尤其是"自己原本并没有想到今后会做老师"。然而，遇上了这四个同样刚来到浙大的新生，却分外投机，五个人在当日的东区教学楼谈了很久很久，从初入校园的忐忑到学业的规划，回忆起初次见面的种种，卓老师的表情甚是愉悦。

正是由于这次愉快的会面，五人因"新生之友"结下的一段缘分开始了。

新老师撞上新学生

身处科研任务繁重的医学院，卓老师在科研之余还承担了本科生"细胞生物学"一课的部分教学工作。作为一门面向本科生的专业课，并且是"有一定难度"的基础课，"细胞生物学"的教学对卓老师来说是一个不小的挑战。加上这是第一次踏上讲台以老师身份面对两三百号学生，这些都让原本性格就有几分腼腆的大男生更加紧张。

抱着"上课是一个从无到有的过程"，卓老师认真准备了所有上课需要讲到的内容，也不断为自己打气。与他结对的刘柏强回想起这一天，感到卓老师较为紧张，"也不知道是不是受我们在场的影响，课上得有些拘谨"。

或许每个初为人师者都曾有过这样一段有些尴尬，但还是觉得受益良多的经历。但卓老师的经验，却掺杂着一份意外的感动。

卓老师结对寝室的四名同学都选修了这门课，也一直坐在台下默默支持着老师。就在这"第一课"课间，正暗暗松了口气的卓老师查看自己的手机，手机上陆续收到了来自四位同学的安慰短信，"老师您上得很好！""老师别紧张！"……四人坐在台下，用希冀、鼓励的目光为他加油。

卓老师回忆起这一段经历依然很感动，"我没想到他们会这么做"。这个一直以来以朋友身份与学生相处的大男孩，没有想到自己会在那样的时刻收到来自学生的鼓励和安慰。卓老师一直反复说："他们这么做，我真的很感动。"

在鼓励之余，四人如同朋友般和卓巍老师开开玩笑，也纷纷为卓老师的教学大计建言献策，在刘柏强口中，卓老师对于这些教学方面的意见表现得相当谦逊——"以后有什么问题直接说！"

生活中的大朋友

　　谈到平日约这四个"小朋友"出来吃饭的经历，卓老师自己都觉得有些好笑，"他们都比我忙呢"。

　　医学院的大一学生在修读一系列颇为艰深的大类必修课外还需要兼顾专业课的学习，这使得医学院的学生学业负担相对来说比较沉重，加上平时的社团活动和业余休闲，无怪乎卓老师常常觉得约他们四个出来吃饭，都得配合他们的"档期"。

　　"出来吃饭都像是占用了他们的时间呢，"卓老师说着便数起了"小朋友"们的行程表，"他们都排满的，周三晚上，要不上课，要不就社团活动，寝室里人都不齐。周四晚上，又有人要去学日语"。总之，个个都是大忙人。尽管常常忙于科研，但时间还是可以灵活调节的。卓老师笑称，每次出来吃饭聚会"都是我在配合他们的时间"。

　　有几次约在外面吃饭，边吃边闲聊的时候卓老师得知，有同学进校好几个月，一直忙着学校里大大小小的事情，甚至都没有出过紫金港校区的大门。在谈笑之余，卓老师也袒露了隐隐的担忧，"还是希望学校的课程设置能够更加优化，减少大一新生课业方面的负担"。回想自己无忧无虑的大学时光，卓老师觉得，"本科是人生中最美好的时光之一，还是希望他们除了学习之外能有更多积极的人生体验"。

　　除了平日里的饭局，卓老师也常常会在课上"作弄"一下这些"小朋友"，刘柏强就有被点名起来参加趣味实验的经历，这也使得他们在课上更加不敢懈怠。有趣的是，卓老师还因此撞破了其中某位同学的"小秘密"，点了一男一女上台回答问题，在周围同学的起哄下卓老师才恍然大悟，原来这名男生有女朋友了。

"大朋友"是这么告诉坠入爱河的"小朋友"的："下次吃饭，记得带'家属'啊！"

人生途中的良师

早在第一次见面谈及未来打算时，四位"小朋友"就提出读研的想法，这让卓老师有些意外，也让他重新审视起90后这个可能被标签化的群体。在他看来，比起自己当年，现在的学生"自我概念更强"，同样也"更有计划"。

知道他们今后不约而同想要读研的打算，卓老师也尽自己所能帮助他们了解将来可能接触到的科研生活。除了分享自己大一到大四乃至读研究生的种种故事及心路历程之外，还带领四个"小朋友"一起参观了自己所在的实验室，用刘柏强的话说，那可是"全程亲自讲解"，包括实验室里的各种仪器设备和科研生活的点点滴滴，俨然一位称职的好导师。

因为本科并不在浙大，卓老师担心自己很难为他们提供全面的信息，于是他联系了浙大的研究生来与"小朋友"们会面，分享"土著学长们"一路走来的心路历程，包括未来科研、生活的介绍和本校考研、保研的经历，也算是给他们的未来规划"帮一点小忙吧"。

在开始"新生之友"工作前，卓老师对"新生之友"角色的定义是："帮助大一新生度过迷茫期"。但真正接触过后，卓老师发现这几个学生与他之前的设想不太一样，"他们四人的状态都挺不错，学习也都蛮勤奋的"。

卓老师唯一担心的，是他们四人想要达到既定的目标需要付出极大的努力，他衷心希望"他们多感受活泼而独立的校园生活，而不是过得比高中还累"。

"新生之友"的工作说长不长，说短却也不短，一年的时间很快过去。卓老师发现，他所结对的蓝田4-3079寝室已经顺利度过大一这个重要的阶段。在这一年里，他也收获了四个"小朋友"的真挚情谊，"新生之友"带来的缘分并不会就此终结，卓老师说："后面会作为他们的朋友随时帮助他们。"

而当问及"未来一年是否打算继续做'新生之友'"时，卓老师的回答毫不迟疑："当然要做啦。"相信这份"新生之友"所带来的特殊情谊，会继续在求是园中传递开去。

学生眼中的新生之友

蓝田 4-3079 寝室

◎ 朱俊超

"新生之友？那是什么？"

初闻"新生之友"这个新奇的称呼，我感到十分好奇，不过在听了相关介绍后，我就没了多大兴趣，总感觉这"新生之友"活动其实不过是走个形式罢了，并没有多少意义。

第一次和卓巍老师见面，大家都有些紧张，卓老师似乎也没什么经验，于是乎在自我介绍环节结束后五个人都不知该说些什么，场面顿时尴尬无比。之后的时间，基本就是我们问些问题满足一下好奇心，好不容易熬到结束，我们赶紧落荒而逃。

总以为这事就这么过去了，心想以后再也不会互相联系了。不想没过多久，卓老师就联系了我们，请我们出去吃饭，期间还结合自己的经验给了我们很多关于大学规划的建议，让我们受益匪浅。通过这次活动，我们更加了解彼此。在这之后，我们之间的联系变得密切起来。到了第二学期，我们惊讶地发现原来卓老师还是我们"细胞生物学"课程的老师，他在专业领域的渊博知识和敬业精神让我们汗颜，更

为了学生一切

173

为我们树立了一个良好的榜样。当他得知我们对实验研究很感兴趣时，便带着我们参观了他所在的实验室，让我们亲身体验了实验室研究的氛围，还请了和他一起参与研究工作的学长来传授经验，结合各位学长的经历给我们未来的规划提了许多宝贵的建议。

感谢"新生之友"活动，让我们认识了卓老师。他的指导和建议，仿佛黑夜中的明灯，给初来浙大充满迷茫的我们指明了道路，激励着我们直面困难，勇攀高峰。

◎ 刘柏强

时光如梭，一转眼2014年的高考已经落下了帷幕，我也进入紫金港快一年了。想起一年前的自己，刚刚经历完酷暑下的军训，要正式开始大学生活了，心中不免充满迷茫。

幸运的是，学校十分考虑新生的感受，设立了"新生之友"制度，为我们的大一生活提供了一个可以依靠、可以求助的朋友。至今，我和室友一起去见我们的"新生之友"——卓巍老师的场景还历历在目。初来乍到的我们在教室的一角找到了早已等候多时的他，他亲切地与我们交谈，细心地在笔记本上记录下我们每一个人的生日，询问着我们对将来的规划打算，他给人一种温文尔雅的感觉，整个交谈过程充满愉悦。最后，当我们合完影时，他才说出了自己要赶最后一班校车，急匆匆地向候车点走去，我突然间感觉到了温暖。

在之后这一年的时间里，我们又陆陆续续地进行了许多次的聚会、聊天。印象最为深刻的还是那一次在外婆家的聚餐。那一次，我们似乎完全没有任何包袱，敞开心扉地去分享、聊天。他和我们讲了许许多多有趣的经历，包括大学时期的恋爱经历等等，我们也分享了许多自己的经历。说说笑笑中又一个晚上悄然过去。后来他还联系了一些研究生和我们一起分享交流经验，带领我们参观了他所在的实验室……

"新生之友"，一如它的名称，不是老师，而是朋友。卓老师在与我们一年的交流过程中，我充分感受到了这之间的魅力所在。我很高兴，也很幸运，能在进入大学之初就遇见这么一位"大朋友"，为我的大一生活中留下了浓墨重彩的一笔，我的学习和生活都得到了极大的帮助。

◎ 沈天佑

第一次见到自己的"新生之友"还是上学期初的事了，记得那时的卓巍老师刚刚参加工作，随身带本笔记本。自然，我们寝室四人也是刚刚进入大学，我们组不像其他一些小组热火朝天地讨论，而多是"温水煮青蛙"式的交流。

之后卓老师和我们多有互动，遗憾的是我却因为时间的冲突缺席了几次，让我惊讶的是从室友那儿得到了卓老师希望能在之后的活动中见到我的信息。

自然，因为卓老师也有教授"细胞生物学"的课程，见面的机会就多了不少。无论是我们，还是卓老师，经过了一个学期都有了不小的变化。很明显，第一次来上课的卓老师依然带着几分拘谨，之后就能自如地向我们讲述课程了。

说到卓老师为我们解惑最多的，应该就是指导医学本科生对之后学习生涯的规划了。也不仅仅是他自身的学习经历，卓老师特地请了医学院的几位学长来为我们答疑。在医学院组织的活动中，卓老师带着我们去实验室参观，为我们介绍实验室的情况。的确，如果没有前辈们的介绍，我们是很难理解一些知识的。

　　卓老师在我看来就是一个和我们一起成长的前辈，真心祝福老师不断前进。

"张妈妈"的角色扮演：
家长，导师，朋友

——记医学院"新生之友"张小玲老师

张小玲老师曾担任医学院党委副书记，长期在学生线工作，积累了丰富的学生工作经验，特别擅长与学生沟通交流，为学生答疑解惑，解决学生成长中遇到的问题，深受学生喜爱，曾两次被评为学校"三育人"先进个人、优秀党务工作者。从医学院党委副书记的岗位上退下后，张老师主动报名做了巴德年医学班学生的"新生之友"，重新找准角色定位，努力做好学生的朋友、家长、导师三个角色，关爱、关注、理解学生，和四位同学建立起了良好的联系，帮助同学们尽快适应大学的生活和学习环境。

文 / 李宁

20 年的一线学生工作经验是张小玲老师宝贵的财富。2013 年夏天，深爱学生工作的张老师，在卸下医学院党委副书记的职务后，主动报名担任竺可桢学院 2013 级巴德年医学班四名女生的"新生之友"。从那开始，张老师一直在思考如何做好"新生之友"工作，她认真研究学校通知文件，查阅相关材料，虚心向别的老师请教。

经过一番思考和尝试，张老师找到了开启"新生之友"工作大门的钥匙——扮演好家长、导师、朋友这三个角色。

角色一：家长——妈妈的爱，家的味道

"满满一桌子菜，都是张老师亲手做的。"李丹幸福地回忆。

"对，有咖喱牛肉，还有汤！"张启月激动地补充。

"啊，不行，我现在又饿了！"杨冰立即笑着喊道。

这是蓝田 5 舍 2021 室的女生们聊起张老师第一次请她们去家里吃饭时的情景。

2013 年 9 月底，新生军训刚结束，张老师就邀请四位

女生去家里吃饭。那天，张老师早早去菜市场买好了各类食材，一个人在厨房忙活了半天，并让自己的先生开车接来了学生们。看着满满一桌的菜，闻着诱人的香味，四位女生心里升起了浓浓的幸福感。张老师简单地询问了四人的基本情况，对她们的家庭、成长状况、性格脾气都有了大致的了解，来自省外的李丹和琚方玉让张老师暗暗多上了几分心。一顿饭，孩子们吃得开心又满足。临走时，张老师又特地给她们打包了一大盒红烧鸡爪。

9月份的杭州，炎热还没有退去，暴雨随时会来。张老师担心四个女孩子刚到杭州，不适应这里的环境，就经常发微信、短信提醒她们注意防雨，也会给她们发一些生活小贴士。短短几周，学生们迅速适应了新的环境，师生关系也急剧升温。

妈妈般的张老师非常关注女生们之间的感情，努力减少她们之间的陌生感，使她们有厚重、坚实的感情依托。有一次聚餐，有位女生因为参加一个重要的面试缺席了聚会。其他三位女生在吃饭的过程中就给这个女生打电话，炫耀自己吃的各种好吃的，故意馋她。回去时，张老师特地买了一个起司蛋糕，让她们带回去给这位同学。用张老师的话说，就是"谁都不能落下"。

每逢节假日，张老师都不忘给四人发短信祝福一下，时不时会给她们带上一些好吃的，总是饭菜飘香、笑声不断的2021宿舍经常引起周围宿舍的"羡慕、嫉妒、恨"。

"杨冰和启月她们是省内人，经常可以回家，可能感受不是很深，但我和方玉家是外省的，'每逢佳节倍思亲'，张老师这个时候给我们发短信祝福，送好多好吃的，或者邀我们去她家，真的感觉特别亲切、温馨。"李丹说道，"张老师，对于我们来说，就像……""妈妈！"其他两人立即回应。说完几位女生相视一笑，拼命点头。

角色二：导师——时刻传递正能量

除了给予学生们家人般的关怀，张老师也时刻牢记自己教师的身份，但她从不说教，而是在选课、考试等关键时期，及时给出引导，并经常给她们讲身边朋友以及学生的例子，激励她们认真学习。

刚入学，随着课业的全面展开，学习负担逐渐加重。对于女孩子来说，数学仿佛是逃不掉的"魔咒"。为了激发她们的兴趣，鼓励她们战胜对学习的恐惧，张老师就给她们讲了一个小故事。

竺可桢学院2001级的陈同学，是张老师去辽宁招来的自主生，出身混科班，综合能力特别强，但是在上"数学分析"这门课时，却陷入了迷茫。她可以听清楚数学老师说的每一句话，但是就是听不懂，非常着急。张老师了解到她的情况后，就自己请教了数学老师，得知这门数学课程确实很难，但有方法、技巧可循。于是张老师就告诉陈同学，鼓励她不要害怕，多向老师和同学请教，找到自己的学习方法。陈同学是一个非常有毅力的女孩，她听了老师的话，开始安下心来向同学请教，自己摸索。国庆节，妈妈过来看她，要带她去上海玩，她没去，自己一人埋头钻研。到第五天的时候，突然就开窍了，后来很好地完成了这门课程的学习。这个事例给了四个人很大的激励，她们从此不再害怕数学，不再害怕难学的知识。

四人中，有个活泼、开朗的女生，上学期参加社团活动比较多，导致某些课程成绩不太理想。张老师发现后，就把她约到办公室，从学习态度、学习能力、今后的方向等方面详细了解了她的情况。两个人一起分析，这个同学知道自己的问题，也清楚自己应该怎么做。张老师就鼓励她，按着自己的想法去做，并坚持住。"这位同学很聪明，也努力，这学期的成绩还没有完全出来，但我看到的几门，成绩明显上来了。"张老师欣慰地说。

而在平时，一旦看到有意思的文章或书籍，张老师都会及时地与她们一起分享，虽然不会紧盯着她们，但也会时刻关注她们。

角色三：朋友——给她们成长的空间

"'新生之友'，关键就是落在这个'友'字上，就是希望老师和学生能建立朋友式的关系。"张小玲老师如此解读"新生之友"。

在确定结对学生后，张老师就加了她们的微信，并且建立了微信群。她懂得尊重、理解并包容她们。平时，张老师会在微信上推荐一些书，如《思想的张力》《为学与做人》；也会发一些天气信息，提醒她们天气变化；偶尔大家都在，就聊聊生活、学习状况……四个人遇到什么问题，也会在微信上向老师求教。

作为寝室长的李丹平时与张老师联系比较多。她也曾有过一段迷茫期，期间她学习压力大，没有方向，不知道该怎么办，就想到了在微信上找张老师聊天。张老师没有长篇大论，只是告诉她："每个人都会有这样的一个时期，不要担心，试着给自己定一些短期目标，然后一个一个完成它，做到之后你会发现更大的目标和动力。"在一问一答式的简单聊天中，李丹豁然开朗。

在李丹的手机上，我们看到了她与张老师的聊天记录，其中最引人注意的便是几乎每周都有这样一段对话："李丹，问问杨冰、启月、方玉这周末有空没，如有空来我家吃饭，我也了解了解你们的情况。""张老师，……这周有事情，去不了。"这样的对话多了，四人感觉幸福的同时，也会有歉意。张老师会在恰当的时刻发一条信息，打消她们的顾虑："你们的生活很充实，我很高兴。"

张老师还和杨冰、琚方玉等一起参加了学院的"真情汇聚·感恩吾师——我为老师熬阿胶大型亲情关爱活动"，师生一起参加互动小游戏，齐心协力完成任务，最后一起熬阿胶。由于杨冰和琚方玉没有经验，熬阿胶时大部分就是张老师在做。回忆起这次活动，杨冰说："张老师真的是一个考虑周到、细心、时刻惦记着学生的老师。活动结束，她把熬成的阿胶让我们带回来一大半。"

"虽然说'新生之友'的工作只有一年，但我会一直关注她们四个的成长。而且这次的工作经历，令我更想申请成为下一批的'新生之友'，到时候她们就是师姐了，可以与下一级分享经验，还可以进行一对一的指导……"张老师对未来的工作，充满着期待。

蓝田 5-2021 寝室

◎ 琚方玉

自从到浙大以来，一年的生活里和张老师一直非常有缘。

在去年年初的保送生面试中，张老师就坐在对面，跟我们讲巴德年医学班的情况，那时的我不敢想象以后我也成为一个医学生，并且得到了张老师这么多的照顾。

第一次和"新生之友"见面的那个教室里，我记得其他寝室的同学和老师交流的时间和亲热程度都远不及我们五个人，张老师对我们提出了许多大学生活方面的建议，她举了很多往届学长、学姐的例子，让我对未来的生活有了更多的心理准备，并在学习方面对自己提出了更高的要求。之后张老师一直主动联系我们，约我们一起到老师家里吃老师亲手做的菜，那个时候觉得自己虽然远离家乡，但是也像是在"浙"里有了亲人一样。之前的我一直对学医有些迷茫，不知道今后的学习是否真的那么艰难，也不知道一个胆小的女生能不能变得敢于"开膛破肚"。这些东西都从张老师那里得到了答案，她反复告诉我们要在大学中抱有理想，争取在科研中取得成就。生活上老师也是无比的贴心，一起熬的阿胶老师送了很多给我们吃，中秋也不忘送月饼来。不知道得有多幸运才能碰见这样好的老师，也希望以后的八年时间里可以一直和老师保持联系。

◎ 李 丹

作为巴德年班的学生，我们的"新生之友"大多是医学院的老师，很多还在各大医院工作的医生，老师们都很忙，我们本以为我们的"新生之友"也是只会在见面会上见一面之后就再无联系。没有想到张老师非常关心我们，不仅在见面会上对我们嘘寒问暖，解答我们关于生活和学习等各方面问题，之后的一个周末，张老师还把我们带到她的家中亲自给我们做饭吃。我们都是出来求学的孩子，离家很远，张老师的饭菜让我们感受到了家的温暖。张老师还会时不时给我们送来各种吃的，变天时提醒我们多穿衣服，中秋节时还送给我们月饼，甚至我们在医学院的"给老师熬阿胶"的活动中为张老师制作的阿胶也给了我们好多。我们也经常与张老师联系，提醒她注意身体，祝她工作顺利。

不仅在生活上关心我们，张老师在与我们谈天时总是鼓励我们努力，指导我们前进的方向。张老师经常提起她的那些优秀的学生，用他们的事迹来激励我们，让我们知道只要我们努力也可以做到那么成功，也可以走那么远。张老师还在选专业的时候给予我们许多建议，在确定专业后根据我们各人选的专业提出了大二需要注意的事项，也提醒我们早点开始注意导师。

张老师的工作十分忙碌，但她总是抽出时间既照顾我们的身体，又关心我们的学业和心理，解答我们在大学生活中遇到的各种问题。张老师像妈妈又像我们的导师，是最棒的"新生之友"。

◎ 杨　冰

在"新生之友"见面会上见到张老师，第一印象是她很和蔼可亲。张老师与我们寝室四人坐在一起，问我们适不适应杭州的气候，吃不吃得惯这边的菜，军训累不累，并且给了我们很多生活上的指导和建议。

不久后老师邀请我们去她的家里聚餐，我们都觉得受到如此重视和优待很是荣幸。张老师亲手做的饭菜很可口，我们围坐在不大的圆桌边，桌上菜肴丰盛，小小的屋子让人感受到一种家的温馨气息。晚饭时老师又说了一些学业上的注意事项，比如提醒我们尽早找导师，平时有空去各个实验室看看等等。在张老师的家里我们看到了很多照片，老师和我们讲照片里那些学生的经历，有的还在浙大校园里，有的在国外留学，还有的已成家立业。我们每每发出感慨，羡慕他们的成功，老师鼓励我们说："他们也都是这样一步一步走到现在的，你们这么优秀，以后也会有那么一天的，不用觉得遥不可及。"

虽然不能常聚，但我们和老师平时仍有联系，有时候张老师会在微信上给我们发一些有意义的链接，老师还在中秋节给我们寄了月饼，让我们很感动。后来我们一起参加医学院的活动，为张老师熬阿胶。参加活动的老师身边一般带着一两个学生，而我们四个全来了，别的老师看见张老师有这么多学生来都感到惊奇，我们倒是不知为何有些小小的骄傲，大概是为能认识张老师这样好的"新生之友"而骄傲吧。

◎ 张启月

我们寝室的"新生之友"是医学院的张小玲老师。初见的时候觉得张老师就跟姑姑一样平易近人。军训结束后张老师邀请我们去她家吃饭，说是要给我们"补补"。那天她亲自下厨给我们做了一大桌子好吃的，作为一个刚来异地读书的新生，这种家的温暖着实让我感动了好久。那天，张老师在学习、生活等方面跟我们聊了很多，很多建议都帮助我们更快地融入大学生活。中秋节收到的月饼零食、冬至后收到的阿胶都让人觉得备受关怀。

最近一次的聊天让我惊讶地发现，张老师其实一直在默默关注我们的学习成绩、社团活动、选课选专业等等方面。在确定专业后她也给了我们很多学术上的发展意见。我们四

186

张小玲老师和结对新生

个人都加了张老师的微信，她平时看到一些有价值的文章、励志的故事，都会转发给我们，我们受益匪浅。这也是张老师关心我们的方式，在一旁默默地给我们加油鼓劲儿。

　　和张老师谈话让人觉得很舒服。老师很会讲故事，她的故事、她女儿的故事、她的"大牛"学生的故事，这些故事给了我们激励和正能量。我觉得，张老师关怀我们并不是仅仅为了尽一个"新生之友"的责任，而是真正地把我们当作她的女儿看待。她曾经笑称：以前带的寝室都是男孩子，现在终于有四个女孩子啦，可以传承我的厨艺了。

　　来"浙"里快一年，实在是很感谢她。

我们寝室有个大哥

——记高分子系"新生之友"王高合老师

　　王高合，男，中共党员、副研究员，1998 年 7 月毕业于原杭州大学体育系武术专业。现任浙江大学高分子科学与工程学系党委委员、综合办公室主任、学生党总支书记。

　　曾荣获浙江大学优秀团干部、优秀共产党员、校级先进工作者、浙江省抗震救灾优秀志愿者、省大学生志愿服务我国西部计划和"三下乡"社会实践活动先进个人等荣誉称号。主持与参与 3 项校级课题研究，共发表了 9 篇文章。

文／郑盈盈

"大家好，我是你们的'新生之友'王高合。以后大家
不要纠结怎么称呼我，直接叫我'王大哥'就好！"从第一
届"新生之友"开始，跟同学们第一次见面时，王高合老师
就担起了"大哥"这一角色。"嘿嘿，主要是觉得这样可以
拉近与学生之间的距离，"王老师对于自己这样的定位颇为
满意，"还能显得自己年轻，一举两得！"

恰当沟通，拉近距离

从 2011 年 9 月学校启动"新生之友"工作后，王老师
就连续三年担任起了"王大哥"的角色。"大哥"，意味着既
要与同学们保持亲近的关系，熟悉且让人信赖；又要对同学
们的学习生活加以引导，帮助他们解决困惑。这个看似简单
的角色，适应起来可不容易。

"现在的大一新生，比起我们那时候更加喜欢自由。而
且大一课程多，学习压力大，加上社团活动，他们真的是很
忙，所以并不喜欢老师经常去打扰他们，"王老师笑着说，
"就算是我这个'大哥'也不例外。"

189

但是联系过少，会造成关系的疏远不说，更重要的是会造成对同学们的实际情况不熟悉，难以为同学们的学习、生活提供切实有效的帮助。为了避免这一情况，在长期担任"新生之友"的过程中，王老师也摸索出了自己的一套方法。

"几个时间点很重要！"王老师介绍着自己的经验。拿到联系卡时，短信或者电话就成为王老师与同学们初次联系的桥梁。"这个我都是很及时去做的。"王老师接着介绍说，"初次联系后，我会尽快与同学们见上一面。有时是在寝室见面聊天，有时是在学校食堂吃个饭，总之在一个礼拜之内一定要与同学们碰碰面。这样才能尽快消除隔阂感与陌生感，还能对大家的基本情况有个初步了解。"而在国庆节、端午节等节假日，王老师也会抽空与同学们相聚，一来是怕大一新生们尚未适应陌生的大学生活，在节假日更加无所适从；二来可以了解下同学们最近的生活、学习状态，及时解决他们的困惑。

190

在考试周等特殊的时间段，王老师也会及时发去短信，提醒同学们细心备考，沉着应对，尤其莫踩"高压线"！"作为同学们的大哥，我不喜欢跟学弟、学妹们讲很多的大道理，但在一些关键点上，我必须提醒他们。"王老师说，"像'作弊'一事，同学们都知道不可以，但每年还是有一些同学鬼使神差地'踩线'了，给他们的学习甚至是整个大学生活都造成了巨大的麻烦。所以这个时候，作为他们的师长，作为他们的大哥，一定要给他们提个醒。"

学弟学妹，"区别"对待

这三年中，王老师分别带过两个男生寝室和一个女生寝室。

"虽然都是大一新生，但在具体问题的处理和引导上，还是有所区别的。"王老师介绍说，"带男生寝室的时候，我常常搞突击。突然跑到他们的寝室，看看他们的卫生做得怎么样，寝室环境怎么样；带女生寝室时，就不能搞突袭了，一般是约到寝室楼下谈谈近况。"

此外，王老师对学弟、学妹们的情感也颇为关注。"我对学弟、学妹们谈恋爱不反对。毕竟两个人能够相互鼓励、相互支持是一件不错的事情。但是，对于男生，我会加强责任意识的培养；对于女生，我会让她们更懂得保护自己。"

对此，2011届的王哲楠印象深刻。"那时候我们寝室有个兄弟有了一个女朋友，当时对于大一新生的我们来说，也是一件很兴奋的事情。几个人在旁边起哄、调侃。"王哲楠回忆道，"那时，大哥就超级超级认真地对那个有女朋友的兄弟说：'现在找了女朋友了，要好好对待人家，要有责任心，有担当，即使最后不能在一起了，也绝不能给别人带来伤害。'大哥还讲了自己当初的一些故事。最后我们几个都安静了，因为当时他真的真的特别认真。虽然感觉大哥那一代的恋爱观跟我们这一代有些不一样，但是他让我们几个兄弟都知道了责任心的重要性。"

大哥于我们，亦师亦友

在谈及平时和大哥的聊天内容时，王哲楠笑了笑说："那真是天南地北各种聊。"

"大哥跟我们聊过他自己的往事，他给自己设定的各种目标，以及为了实现这些目标所付出的努力。他还跟我们聊他的家庭、他的孩子。同时也聊学习，因为浙大大一要选专业，他提醒我们要尽早设立自己的目标，要好好努力，并且从他自己的角度出发给了我们很多建议。大哥对我们的近况也很关心，甚至会问我们几个最近有没有跟家里联系。有时聊着聊着，又会聊到国家大事上。"

"因为大哥性格比较豪放，我们寝室几个兄弟的关系也比较好，所以我们几个聚在一起聊天时，不太拘束，比较放得开。比起老师来说，大哥更像是我们的好朋友。最近我们寝室四个兄弟聚会，还想着下次要把大哥也叫上，大家好好聚一聚呢。"

问及对王大哥印象最为深刻的事情时，王哲楠谈起了自己当初选专业时的经历："当时在机械与土木两个专业的选择上徘徊不定，对于大一的孩子来说，选专业时比较纠结的状态是大家普遍存在的。跟大哥聊了聊之后，他便将我介绍给他认识的一个土木专业的辅导员，约好时间，让我过去聊聊。然而到了当天，他又觉得不放心，亲自开车跑到紫金港校区送我过去。而这些举动的起因，只是我的随口一说——'有土木的老师能咨询的话最好，不行也没关系'。"王哲楠停顿了下说："所以当时确实蛮感动的。"

和小伙伴们在一起，很开心

连续三年担任"王大哥"这一角色的王老师似乎对"新生之友"的工作情有独钟，在他自己看来，理由颇为简单。

"从我自己的个人经历来讲，在大学期间，我与个别老师的关系比较好。这种颇为亲近的关系使得我能有机会接受他们的细心指导，让我在大学生活中受益匪浅。对很多大一新生来说，大学是个陌生的环境。虽然大多数同学有很强的适应能力，但是在选专业等重大选择上，他们仍是迷茫的。我希望能够将自己以前所得到的经验传递给现在的学弟学妹们，给他们的成长提供帮助。"王老师说，"况且跟这群小伙伴们在一起时，也能从他们身上学到不少东西，还能保持年轻的心态，何乐不为呢？对于我来说，教师节时收到他们的一声问候，聚会时能被他们邀请，已是很满足了。"

虽然参加的是"新生之友"的工作，王老师在同学们心中留下的却是"大哥"的形象，就像王哲楠在采访之初时说的那样——"我们一般不叫他老师，叫'大哥'。"

学生眼中的新生之友

蓝田3-6081寝室

◎ 吕传昊

　　刚进入浙大的时候，我们对大学生活还不是很适应，心中还存有许许多多的困惑和不解。由于浙江大学是大类招生，我们对于专业还很迷茫；对于选课、社团等等一些从前没有接触过的事情也了解甚少。幸好，浙江大学给大一新生提供了"新生之友"这一平台，由各个院系的老师为我们答疑解惑，解决学习、生活各个方面的问题。

　　我们寝室的"新生之友"是高分子系的王高合老师。第一次见到他的时候，由于寝室的其他人有课，只有我一个人在寝室里和王老师见了面，王老师和蔼可亲，我们都亲切地称他为"王大哥"，毕竟"新生之友"更多的是解决我们生活中遇到的问题。也许是因为第一次见面只有我见到了"王大哥"，之后的若干次见面，"王大哥"一般都是先联系我，然后由我通知其他三个室友。

　　这一年来，"王大哥"给予了我们许多帮助。例如，宿舍里的周仁哲是通过化学竞赛保送进浙大的，他对高分子有着浓厚的兴趣，一心想要进浙大高分子系，但对高分子了解得不是很多，恰好"王大哥"就是高分子系的老师，他为周仁哲详细介绍了高分子专业以及发展前景，对周仁哲想要加入高分子大家庭表示热烈欢迎。

"王大哥"确确实实为我们提供了作为一名"新生之友"所能给予的帮助，是我们的好大哥。

◎ 许　烨

去年的 8 月份，我独自一人离开了生活了 18 年的家乡，来到了杭州，开始了崭新的大学生活。大学的轻松自由，以及没有老师和家长每天在旁边督促，一时间使我非常迷茫，接踵而来的许许多多琐事、杂事，也一度让我不知所措，经常会忘记做某些重要的事情。这时是我们寝室的"新生之友"王高合老师帮助了我，他主动与我们联系，经常打电话询问我们有什么问题，对于我们提出的一系列困惑他也一一耐心地帮我们解答。在王老师的热心帮助下，我顺利地度过了大学的适应期，开始逐渐找到了自己的方向，大学生活开始步入正轨。

我们寝室的四个人都不是杭州本地人，在这里也都没有亲戚、朋友，王老师就经常在百忙之中抽空来我们寝室看望我们，经常与我们闲聊家常，关心我们的学习生活，大到专业的选择，小到寝室的电器安全、卫生等。给了独自在外求学的我们像家一样的温暖，也使我们避免因为沉浸在思念家乡中而耽误眼前的生活。

上个学期我有幸和王老师参加了关于"新生之友"工作的讨论会，在会上王老师作为优秀"新生之友"的代表汇报了近年来的工作，在言语中，透露出他内心深处对我们所有人的关心，他不仅仅把帮助我们当成一项学校交给他的任务，而是真的把我们当作亲人一般给我们尽可能多的帮助，使我们在这说长不长、说短不短的四年中，能留下最美好的回忆。

因此，我想要感谢王老师这样负责任的"新生之友"，正是他的帮助，使我们能够更快地适应更好地成长，平安快乐地度过大一生活。

◎ 游兆阳

经历了高考的激烈奋战，去年9月份，我带着激动和兴奋来到了浙大校园，有别于节奏紧张的高中，大学的学习生活让我无法一下子完全适应。在我逐渐陷入和许多人一样的迷茫困境时，正是王老师给了我莫大的帮助。毕竟大学不再像高中那样有老师时时监督着我们，大多时候需要靠我们的自觉。而刚脱离高中生活的我们往往很难自律，这时常来到寝室的"新生之友"——王老师，就成为我们的自律之师。

很巧的是，王老师刚好是高考后来我们高中进行招生宣传的老师，虽然我没有认出他，但他第一次来寝室时一眼就认出了我，这让我感到十分的惊讶，也让我感受到了王老师的用心，这种异乡遇故人的感受给初次离乡的我带来了无比的温暖。王老师非常理解我们第一次远离家乡的感受，常常来寝室看望我们，像是良师和家长，更像是我们的朋友，给我们带来了莫大的关怀。他不仅帮助我们解决了个人的心理问题，更促进了寝室的和谐关系。这也是我这一年收获最大的地方，王老师对我们寝室的帮助还体现在很多方面，他很细心，比如寝室的卫生、电器使用情况等等都面面俱到地关注着，使我们养成了良好的习惯。

王老师是个很有亲和力的人，让人感到十分的温暖，他不仅在生活方面关心我们，在学习方面对我们也关爱有加，我们在学习上遇到的许多困难，对学习的松懈、拖延，都在王老师的指导下被慢慢纠正，虽然我的成绩并不是很拔尖，但还是感谢王老师的帮助！

◎ 周仁哲

我们的"新生之友"是王高合老师，他是一个非常诙谐幽默而且关心学生的老师。

第一次见到王老师是在开学不久，王老师来到我们寝室。王老师很年轻，第一眼就给人一种非常好相处的感觉，事实也证明的确如此。他与我们畅聊了学习、生活、娱乐等很多的事情，给人的感觉不像是一个老师，而是一个亲切的学长。

在之后的生活中，王老师也经常与我们联系，还不时地到我们的寝室来了解情况。在我们对选择专业感到困惑时，王老师毫无保留地为我们提供建议，还帮我们向专业院系咨询情况。在我们学习上遇到困难时，王老师还会为我们提供无私的帮助，帮我们克服问题。

王老师每次到紫金港都会抽空来我们寝室里看看，有时还给我们带一点小礼物。我印象最深刻的一次就是我下午去上课，刚到一楼就看到王老师在与宿管阿姨交谈，请阿姨转交他带给我们的礼物，我正好看到，王老师就交给了我，之后王老师与我一起走路去教学楼，我才知道王老师这次是来紫金港开会，但是时间很紧，没时间上楼了（我们寝室在六楼），于是直接委托阿姨转交这些吃的。虽然只是一个小举动，却让我非常感动。

我们很庆幸我们的"新生之友"是王老师，因为他真正做到了"新生之友"这一制度所希望和倡导的事。

再次感谢王老师！

王高合老师和结对新生

为了一切学生

用他们最熟悉的方式

——记人文学院"新生之友"何善蒙老师

　　何善蒙，1996年9月起求学于复旦大学，2005年获哲学博士学位，现为浙江大学哲学系教授、博士生导师，兼任浙江大学哲学系副系主任、浙江大学中国思想文化研究所副所长、浙江大学佛教文化中心副主任，主要从事中国古代哲学的相关研究和教学工作。

　　"一直喜欢和学生做朋友，像朋友一样地交流，像朋友一样地相处。不管怎样，总是希望生活中能够多一些快乐和坚定，无论是我们，还是学生。成长，也许是诸多瞬间的事情，而如果我能够在此诸多瞬间中有所存在，那就是我的快乐所在。"

——何善蒙

文 / 余瑛

多数时候，何善蒙老师和白沙 2–530 寝室的四位男生的关系更像是哥们，而不像是老师和学生。

"用他们最熟悉的方式"是何老师一直铭记在心的与学生们交流的重要方法。他相信，用这些同学们所熟悉并喜欢的方式更容易让他和同学们的关系跳出"老师教学生"的传统模式，拉近彼此的距离，令每一次的用心都换回一段浓浓的师生之友谊。

"被老板赶出去"

第一次见面后，这四个大男孩并没有等来何老师的寝室走访。然而不久，他们便接到何老师的电话，邀请他们一起吃饭，而这次被称为"吃饭，喝酒，聊人生"的聚会，打开了这段师生情的闸门。

除了四位男生，何老师还邀请了其他几位优秀的学生一起吃饭，"从大一到大四都有，相互之间认识一下挺好的，对他们都有帮助"。

三个多小时的长谈，他们一直待到饭店打烊。"每次和

201

老师一起吃饭都是被老板赶出去的。"寝室长孙钰钢回忆，吃饭期间何老师跟他们聊了很多，从生活到学术，从学院到校外名人，包括季羡林、钱文忠等等。何老师还向学生们讲了很多自己的趣事，比如他从大学开始就一直是党员，由于看起来比较特立独行，大家总觉得他不像党员，不久前开会还有人问："你怎么也是党员？""何老师这样的性格我很欣赏，随和又不刻意追求名利。"孙钰钢说。

谈到大学学习，何老师告诉他们，不能和高中时一样整天埋头做题，也不能老是窝在寝室里打游戏，而是要多尝试。"点菜的时候老师点了辣的，我们说不吃辣，他就说：'要敢于尝试嘛。'"谈到专业问题时，他告诉学生要做自己喜欢的事情。"就算是很热门的专业，例如经济金融，如果你没兴趣做到最后也会放弃。"何老师说。这及时的提点使得后来选专业的时候，四位男生对自己的选择方向都很明确。

202　　　这个原则在何老师的课上也能听到。他总是告诉他的学生，对他们最大的要求就是两个：一是做自己喜欢做的事情；二是每天都要开心。

在何老师看来，饭桌上的交流对于中国人来说是最自然而愉悦的。"我读书的时候最多的知识都是在吃饭的时候学到的"，学生时代的何老师就经常和自己的老师边吃饭边聊天，"无论是在学习上，还是在情感上，这样的交流方式都能启发想法"。

课前课后，亦师亦友

作为他们的专业老师，何老师和 530 寝室的同学见面最多的时候就是上课。由于四个人都是人文大类，大一上学期就有两位同学上他开的大类课。而大一下学期的时候，孙钰钢也选了他的通识课"中华文化精髓"。因此，课前课后的交流便逐渐多了起来。

何老师上课并不是很严格，也从不会有苛刻的要求，因此他的课堂氛围总是比较轻松、随意。他经常鼓励同学们课后和他交流，无论是邮件还是当面交流，他总会耐心解答。作为他课上的学生，这四个男孩经常向他咨询一些问题，从课堂知识到专业问题，从怎么和同学相处到生活琐事，"一应俱全"。一个长学期 16 周课，每次课前课后和上课的间隙都是何老师最忙碌的答疑解惑时间。

"相比行政教师，专业教师的优势在于课堂的经验，这是了解学生的一个重要途径。"何老师说。与辅导员和班主任相比，专业教师不是管理者，在心理上和同学们更近一点，而这也符合"新生之友"的特质。"同学们不害怕，就能更加真实地听到他们的想法，从而提出一些建议。"在他看来，大学中最主要的还是专业，专业教师能够超越班级的概念，在专业和兴趣的方面对同学有很好的引导和聚合作用。"当行政班的概念越来越模糊的时候，很多概念是建立在课堂和寝室上的，比如你会记得和谁一起上课，和谁一个寝室。"

你发朋友圈我点赞

　　QQ，微信，人人……在这些主流社交平台上，几乎每天都可以看到何老师的"身影"。"这是现代比较重要的交流方式，大家都在玩，你不玩就不知道他们在想什么。"

　　寝室四个同学加何老师为好友之后，他们很快就在这片天地里打成了一片。发状态，评论，点赞……何老师不仅"玩得多"，还很"玩得开"。在微信和人人上，何老师和很多同学都是亲密无间的好友。

　　"每个人的想法都是在随时变化的，他发一条状态就知道他在想什么。"何老师通过线上的方式随时和同学们保持着互动。渐渐地，何老师不仅成了他们名副其实的"新生之友"，而且是吐槽对象，更是知心朋友。

　　有女朋友却不敢跟家长承认怎么办，女朋友生日该送什么礼物，失恋了怎么调整心情……在微信上，他们和何老师几乎是无话不谈。"我们之间的关系不像老师跟学生的关系，他更像是我们的哥哥。"孙钰钢说。

　　"在学习方面，同学们问得最多的便是选课问题，比如选谁的课比较好，特别是选不上我的课的时候。"何老师笑着说道。期末了学生们会发微信向何老师询问复习方法。何老师也经常在朋友圈分享一些文章，供大家探讨学习。

　　"平时大家都很忙，每个人的课表都不一样。"而何老师一周也只有一天没有课，因此很难找到大家都有空的时间。"线上交流比较随意，也省时间，沟通便捷，如果不好好利用，就很难做事情了。"

就在前几天，何老师被选为"三育人"标兵，530寝室得知后，半夜发微信过去祝贺。每到节日，他们也绝不会忘记发信息给何老师送祝福。

不以开会的形式

无论是一起吃饭，课前课后交流，还是线上交流，何老师都提出要以同学们熟悉的方式交流。"新生之'友'，就是朋友嘛，相互之间的沟通应该是自由、平等的。"

何老师认为，如果跟班主任一样让同学坐下来谈，那太正经了，不能体现"新生之友"的特点。"每个人的兴趣都不一样，开会就找不到一个点，都是泛泛而谈，效果很差。"只有在自由、畅快的气氛下才能有更好的交流。"开会就是不平等的，不平等也就没有自由，你不可能以一个强硬的方式跟他们说是必须这样必须那样，他们会反感，也不会接受。"

"在将来的学习生活上也一样，自由和平等的交流需要慢慢培养起来，而这正是'新生之友'能更好地提供给他们的。"何老师说，"这两点是高中向大学转变的过程中必须做到的，这样才能让学生变得更有想法"。

在何老师看来，沟通的渠道和方式更重要。"出发点都是好的，但是不一定所有的好意都有好的结果。渠道和方式决定结果。"

学生眼中的
新生之友

白沙 2-530 寝室

◎ 田恺丰

何老师是我们的"新生之友"，在我适应大学生生活、享受大学生活的过程中起到了很好的作用，我对他十分感激。

我们的第一次见面是在大一上刚开学不久，那时他邀请我们去学校附近的饭馆一起吃了一顿。第一次见面时气氛十分融洽，何老师也十分热情，真正地和我们心对心地交流，与我们一起开开玩笑，聊聊生活。他讲述了他的大学生活，也表达了他对于大学的看法，回答了我们刚上大学时产生的一系列困惑。因为平易近人，他在我心中的第一印象十分好。

后来，我又有幸成为他的哲学问题课的学生。何老师的课生动风趣吸引人，在课上我也学到了很多看待事物的新的态度与观点。课后，我会时不时地向何老师去请教问题，去了解哲学。同时也是在何老师的影响下，我对于哲学有了新的看法，也产生了很大的兴趣。

在生活中，何老师是一个十分有意思的人，他时常会在人人、微信等工具上与我互动，探讨对一个问题的看法与理解，也会时不时地一起插科打诨，聊一聊生活琐事。

因此，对于何老师这个"新生之友"我十分的满意，不仅仅因为他是我们的一位导师，也因为他成为我生活上的朋友，因为他的存在使我可以快速地适应大学的生活，并且找到自己在大学的最佳生活方式。

◎ 孙钰钢

我们寝室的"新生之友"是人文学院哲学系的何善蒙教授。初识何老师是在"新生之友"的见面会上，发现何老师是"新生之友"中少有的几个年轻人。后来，进一步接触之后才慢慢体会到年轻的"新生之友"有很大的优势。

何老师在新学期开学初就请我们全寝室聚餐，在这次聚会中，我们彼此进行了初步了解，无论是家乡、性格、爱好还是大学目标等。何老师丝毫不摆架子，与我们聊了他的许多经历。当我们谈到对大学专业的选择感到困惑的时候，何老师语重心长地说："我认为大学专业的选择，最重要的是自己的兴趣，而不是外界所说的冷热，也不是找工作的容易程度。因为只有当我们对自己的专业感兴趣时，我们才会主动地去钻研它，而不会感到厌烦。在某一行业做得最出色的人，往往是出于兴趣。"同时，他也告诫我们，不要以为进入大学就进入了天堂，大学同样需要努力、需要付出。他希望我们能早早地做好自己大学四年的规划，明确总目标和阶段性目标。不要让自己的四年在打游戏和睡觉中度过，最后一事无成。

幸运的是，何老师也是我们寝室的哲学老师，我们都在上他的课，这也保证了我们能每周都见到何老师，在课前课后可以与何老师交流学习中、生活中的问题。何老师作为哲学老师，能以不一样的高度帮助我们解决问题。

我眼中的"新生之友"何老师，不仅可以说是一个良师，更是我们的益友，学习上的指导、生活上的关心、思想上的引领，让我们这个寝室能很快地适应大学学习生活，感谢何老师。

◎ 朱薛友

我们寝室的"新生之友"是哲学系的何善蒙老师，他与我们无论在线上还是线下都进行过很多的交流，给了我非常深刻的印象。

在大一的第一个学期何老师请我们全寝室吃饭，在聚餐中他跟我们分享了自己考大学的经历、在复旦的学习生活以及社会经历等等。作为过来人他还对我们应该如何适应大学生活、如何选专业等学习和生活上的问题提出了自己的一些见解，告诉了我们大学生活中非常美好的东西并鼓励我们去追求，在追求中成长。在交流过程中，给我印象最深的是谈到了"究竟是以一种普遍的思维模式和定式的价值观去追求人生的意义，还是找到自己真正的兴趣所在以塑造改变自己并追求人生意义"的问题，这让我对原有的人生定位产生了动摇，并指导着我去寻找我真正喜欢的东西。

我还会在微信、人人上与何老师进行互动。何老师给我的总体印象是一个满腹经纶的老师，且随和又负责任，他不仅会对我们学业上的问题给予令人满意的回答，对我们大学生活上的问题也会给予有益的意见和建议，使得我们能慢慢融入大学而不至于在中学和大学生活的衔接点上迷茫。

◎ 朱 镇

记得大一刚进来的时候当我听说自己的"新生之友"是一位哲学老师时，我就充满了期待，期待这位思想深邃的"新生之友"能够给我的大学生活带来不一样的视角。

第一次见面是在育英路上的一家四川饭店。这是我第一次被老师请客吃饭，说实话有点受宠若惊。不过当何老师出现的时候，我紧张的心情顿时消失了。何老师十分和蔼可亲，让人看着就觉得他是一位平易近人的老师。在吃饭的时候，何老师豪爽的风格让我印象深刻。他时不时地举杯助兴对我们寄予良好的期待。我们作为新生不由自主地向老师请教一些关于大学甚至是关于人生道路的问题，何老师都不厌其烦地一一进行了解答。他以一个哲学老师深邃的视角，对我们的问题进行了深刻地解答，到今天我还记得何老师关切地教导我们要做自己喜欢的事情，只有选择自己喜欢的事情才能做出成就。

从那之后，何老师并没有淡化与我们的联系，依然承担了自己作为"新生之友"的职责。通过网络线上的方式与我们寝室的同学进行经常性的交流，同时经常在微信朋友圈上面转发一些激励人心的文章，让我们体会到了感动人心的正能量。

真的很感谢何老师，因为有了这么一个优秀、负责任的"新生之友"，我的大学生活的第一年才会过得如此充实。

会讲故事的"老朋友"

——记数学系"新生之友"刘祥官老师

刘祥官教授，数学系运筹学与控制论博导，国家级中青年有突出贡献专家，全国优秀科技工作者，浙江省特级专家，省政府参事，中国优选法统筹法与经济数学研究会副理事长。

刘祥官师从著名数学家华罗庚教授学习应用数学。他把青春岁月献给了我国钢铁钒钛基地的建设，为攀枝花资源综合利用贡献了力量。他运用数学方法主持完成的"攀钢提钒工艺参数的系统优化——完善提高提钒工艺"获 1988 年度国家科技进步一等奖。进入浙江大学后主持完成了 4 项省部级科技进步一、二等奖，2 项发明专利，发表了一部专著和 80 多篇论文。

文 / 洪雅文

初见刘老师是在玉泉校区的门口，他一手推着自行车，一手拎着电脑，衣着十分简朴，虽然黑发里面夹杂着不少白色的发丝，但看起来精神矍铄，让人感觉很舒服，完全没有想象中的那般严肃、刻板，反而看起来十分亲切、和蔼。或许正是因为这样，与他结对的五个"小朋友"都把他当成亲切的"爷爷"和"老朋友"。他是数学系的教授刘祥官，也是理科大类青溪 2 幢 116 国防生寝室的"新生之友"。

学习方法和学习目标最重要

211

从第一届"新生之友"开始，刘老师就积极响应学校号召，参与"新生之友"工作，至今已经有三年了。虽然已 71 岁高龄，但他却十分了解新生们的心理状态。新生军训刚结束，刘老师就抽空去紫金港校区看望与他结对的五名国防生，"聊了一会，我就发现他们有一点自卑心理，可能觉得自己是国防生，高考成绩比统招生要稍微低一些，觉得有些底气不足，也担心跟不上浙大的学习进度"。

于是刘老师的故事便开始了。他讲了自己在中国科技大学参加国防高科技专业学习的经历。当时刘老师是在物理系被选拔出来学习数学以及怎样将数学应用到原子能物理中的。那是在20世纪60年代，刘老师主要学习的方向就是数学的应用，比如数学怎样与军事结合，给原子弹、原子能做数学模型等，而这些刚好与这五名国防生的专业"科学与工程计算"相吻合。刘老师不厌其烦地教导这五个"小朋友"国防事业中数学应用的重要性："我认为高科技的核心就是数学技术。在这个高科技发展潮流不能逆转的时代，应用数学是很重要的学科。"他鼓励同学们一定要对自己有信心，为自己树立高标准，作为国防生，思想境界也要更高一些，将来成为国家的栋梁之材，为我国国防事业的现代化尽一份力。在刘老师看来，同学们有了学习目标自然就不会迷茫，向着目标奋斗自然也不会再有自卑心理。

"我们跟刘老师的交谈氛围是很随意的，不会像大家想的那样坐得笔挺又穿着军装跟老师交谈，我们都把他当成很亲切的'老朋友'。老师年轻时候的那些经历让我们对自己所学的专业有了一定的了解，他那些生动的故事也让我们对数学在生活中的用途有了更多的认识。在我们最迷茫的时候，是他给我们指引了方向。"学生张丁奇这样描述道。

有一次，同学们主动向刘老师提出，在学习"线性代数"上有困难，不能很好地理解线性空间，仍然局限于高中学习的二维几何和三维几何。于是，刘老师又开始给他们讲故事了："一个三角形内角和是180度，但是天上三个星星连起来，内角和大于180度。""两条平行线不相交，地球上有无数条互相平行的经线，但是它们却相交于南极和北极。"……这些生动的例子让同学们不仅理解了线性空间，更对 N 维空间产生了浓厚的兴趣。

刘老师一直十分强调学习方法的重要性。"有关数学具体理论的知识，他们上课的时候老师已经讲得很细致了，但学习方法是课上学不到的，却又恰恰是学生们最需要掌握的。"刘老师大学的时候师从数学家华罗庚，学习的是一整套华罗庚的数学体系，在第二次走访寝室的时候，刘老师给五个"小朋友"讲述的主题就是数学方法，他带来了很多自身经历过的数学应用方面的有趣的小故事，在故事中向他们介绍了华罗庚的优选法、统筹法等，让他们更好地理解了数学的学习方法。

除了学习还要开阔眼界

"学习知识固然很重要，但是眼界的开拓是绝对不能缺少的，尤其对于国防生来说。"

"理工科知识的学习虽说是基础，但人文素养是不论做什么都不能缺少的必要品质。"刘老师秉承这样的理念。

清明节的时候，刘老师一改之前寝室走访的作风，提出要同学们来玉泉校区一同去西湖边逛一逛。这一次，刘老师带着五个"小朋友"参观了他在玉泉校区的实验室——教9-404，让他们更加深入地了解了数学是怎样与医学、钢铁等资源综合利用的。看到墙上挂的方毅副总理给刘老夫妇的题词"及时当勉励，岁月不待人"，刘老师借机告诉孩子们，年轻人要懂得珍惜时间，不能虚度光阴，要努力学好科学文化知识，将来成为国家科技建设的栋梁。

接着刘老师带他们去了西湖国宾馆参观。国宾馆是不对外开放的，刘老师作为省政府参事带他们看了毛主席的读报处、读英语处、采茶处等景点，给他们讲解了其中的历史典故，更坚定了同学们日后为国家贡献自己力量的学习目标。

从国宾馆出来，刘老师又带他们欣赏了西湖边的自然美景，刘老师虽是研究应用数学的，却对人文类的知识很感兴趣，也经常看很多人文历史方面的书籍，他认真读了庞学铨教授写的《西湖三十景》，所以每走到一处景点都能将景点背后的内涵给同学们娓娓道来。

刘老师一直保持着健康的作息习惯和年轻的心态，每天早上都要骑车到公园去晨练，每走到一处景点就会打一套太极拳，每天早上打三套拳，这已经是他多年的习惯，所以他的体力一直很好，陪同学们逛了大半天还一直在当着"讲解员"，也没觉得身体上有不适，依旧兴致勃勃地给五个"小朋友"讲各种有趣的小故事。

甘做"人梯"，对下一辈寄予厚望

"我的老师华罗庚曾经说过：'我愿意让自己的肩膀成为梯子，让优秀的青年一代往上攀登。'我自己就在恩师的指导下，主持完成了国家科技进步一等奖成果，因此，我要向老师学习，甘做人梯，这也是我对'新生之友'工作的看法和感受。作为老一辈理应对下一辈寄予厚望，所以对于学生的要求我基本都是有求必应。"虽然已经不参与本科生的课程了，但刘老师仍会给本科生的 SRTP 项目做导师，仍会给大四应用数学的本科生做一些讲座，对于自己结对的五个"小朋友"自然就更加关心和照顾了。

"我自己也经历过大学刚上学的阶段，我很清楚学生刚进大学的状态，什么都不懂，也离开了以前自己熟悉的生活和学习环境，周围的同学大多是陌生人，所以我知道应该和他们沟通什么，以及怎样和他们沟通，我希望通过我与他们的沟通能让他们在大学里面快速地成长起来。我对他们充满信心。"

这五名同学对刘老师最深的感触不仅是刘老师的体贴和对他们的关心，还有刘老师在教导他们时用的无数有趣的小故事，刘老师已经年过 70，经历过战争和"文革"，工作经历也是几度变换，甚至做过电影放映员，但他一直没有放弃数学，凭借着对数学浓厚的兴趣和对数学的天赋，"文革"结束后，他就到了攀枝花钢铁公司开始研究数学在钢铁行业的应用等，让数学为国家重大科技项目攻关成功"立了奇功"。丰富多彩的经历让他可以给这五个"小朋友"讲出很多很多有趣的小故事，在故事中启发和激励他们。

对于今后"新生之友"制度如何继续开展，刘老师提出了自己的一点小建议，他很赞成这次将优秀的"新生之友"的事迹汇编成册的做法，认为这样可以给下一任担当"新生之友"的老师们一些借鉴。同时因为年轻教师的教学负担和工作压力也比较大，平时可能很忙，抽不出很多时间，所以建议尽量多找一些老教师担任"新生之友"，效果可能更好。

　　"我十分希望新一代们在浙江大学里都能成长得更好，珍惜现在的美好时光，在大学里面多学科学文化知识，掌握好的学习方法，树立自己要为之奋斗的学习目标，同时开拓自己的眼界，提升自己的境界，将来多为国家的科技事业做贡献，因此我会尽自己所能帮助他们。"

刘祥官老师和结对新生

学生眼中的
新生之友

◎ 王佳胤

上学期，我们寝室来了一位数学系的教授——刘祥官，他是浙大数学系的博士生导师。在上个学期和这个学期中刘教授带我们参观了西湖国宾馆、玉泉校区的数学系的实验楼，参观了刘教授的实验室，看到了刘教授在年轻时候获得的国家级创新发明奖。

我们看到刘教授在攀枝花钢铁厂的创新发明，他利用数学知识解决钢铁厂产量的平衡问题，从根本上增加产量。这教导我们数学不光是一门高深的自然科学，我们同样可以利用数学知识统筹规划，开展对工业生产的帮助。

后来，刘教授还请我们品尝杭州的特色菜，在饭桌上，刘教授给我们讲述他在年轻时候的求学经历，虽然教授家里很穷，但是教授人穷志不短，努力学习，进入中国科技大学，在数学物理领域有了很大的成就。

在前几天，刘教授来到我们宿舍里，与我们寝室五个人谈谈我们的专业信息与计算科学。刘教授给我们指明了在未来需要努力与前进的方向。

我非常感谢浙江大学这个"新生之友"制度，更加感谢刘教授，是刘教授让我对自己的专业有了更加深刻的认识，使我更加迅速地融入大学的生活。

希望我们在以后更加努力，向着刘教授给我们指明的方向大踏步地前进！

◎ 张丁奇

第一次接触"新生之友"还是在军训拉练时的某一天，刘祥官教授第一次来我们宿舍，给我们介绍了浙江大学的"新生之友"活动，之后又给我们讲解了数学专业的一些情况和我们专业以后要运用所学知识解决什么问题。这一次见面虽然有些仓促，但还是让刚刚步入大学的我们对自己的未来有了一些了解。他离开的时候还和我们合影留念。

中秋节的时候，我们一起去玉泉校区拜访刘教授，他带我们参观了他的数学实验室，在实验室里我们看到了几台计算机和一个大型的建模仪器。刘教授给我们带了月饼，我们一边吃一边听刘教授给我们讲他上大学时候的一些事情，有学习方面的，讲到了他的老师华罗庚；也有生活方面的，比如怎样锻炼身体。刘教授虽然与我们有很大的年龄差距，但我们在一起聊天就像是朋友一样，格外的亲切。清明节的假期，刘教授带我们去西湖国宾馆，从另一个角度欣赏西湖美景，我们还看到毛主席当年读书和学英语的地方，不由得几个人合影留念。

两次拜访刘教授，他都好好招待我们，一次我们吃了东北菜，另一次在浙大留学生餐厅用餐。因为自己是辽宁人，所以东北菜让我感到特别亲切。除此之外，刘教授还数次来宿舍与我们聊天，为我们的大学引路。

总的来说，我们的"新生之友"是一个很有责任心、有智慧、慷慨、心态年轻、善于同青年学生沟通的人，而对于刘教授年轻时取得的成就——国家科学进步一等奖，我们宿舍的同学都佩服不已！

◎ 郑皓羽

第一次与刘祥官教授见面还是他主动向我们提出的，原本刚进入大学的我们并不觉得"新生之友"与班主任、辅导员等有什么两样。但是在经过和刘教授的交谈后，我改变了之前的一些看法。我发现，"代沟"这个东西在任意两者之间其实都是存在的，而刘教授交谈时字里行间都透露着对同样是学数学的我们的殷切希望，希望像他一样今后用自己的专业知识去为社会、为人民做贡献，同时还为我们的大学生活提供几种规划方案。在交谈后，刘教授并没有像我们想的那样只是谈一次话，在不久后中秋节时，他盛情邀请我们去他在玉泉校区的实验室参观，并请我们吃月饼，让我们这些远离家乡在外求学的人有了团圆的感觉。在那个学期结束后，刘教授来了一个电话，询问我们大学生活的感觉，还建议我们抽出时间来，他要带我们去西湖国宾馆看不一样的西湖。

"新生之友"刘教授，我认为他并不是友，而更像是一个和蔼可亲的爷爷，无微不至地关心着我们。回想起来，心里荡漾着一丝丝的暖意。

　　刚进入大学的那一段时间，我们对于大学的一切都充满了新奇，刚刚离开沉重课业负担的我们在大学里很容易迷失方向，但是新生之友刘祥官教授的适时出现给我们指引了方向。

　　如果要用成语来形容刘教授，那就是"老当益壮"、"博闻广识"。在大一上学期，中秋节前后，刘教授邀请我们寝室到玉泉校区参观数学实验室。参观玉泉校区时，给我们讲解了浙江大学玉泉校区的历史和分析了目前浙江大学各个专业的优势及发展方向。然后，带我们进入数学实验室，讲述了当年他求学的艰辛历程，以此来激励我们在大学要认真学习。刘教授用诙谐的语气调侃他过去的不易，更使我们萌发奋发向上的激情。对于我们信息与计算科学这个专业，刘教授以一个过来人的身份，谈到了数学作为基础学科的重要性，并指出了信息与计算科学在未来具有的良好前景。这是刘教授第二次见我们了，相比于第一次在寝室的初识，第二次更让我们受益匪浅。

　　大一下学期，刘教授除多次来我们寝室了解我们最近的思想、学习、生活动态等等，还邀请我们前往西湖景区游玩。在游玩过程中刘教授强调身体对于我们未来发展的重要性，对我们即将到来的大二提出了他的期望。

　　对于我们的"新生之友"刘教授，我们怀着的是对于长辈的一种敬重之情，一年来，刘教授多次拜访和邀请，不仅给我们指引了方向，更是教会了我们为人处世的道理，我们向刘教授表示衷心的感谢。

◎ 陈能杰

　　"新生之友"这个名词是我来到浙大后才知道的。原先认为只是老师走走过场，但是我们的"新生之友"并不是这样。

　　我们的"新生之友"刘祥官教授，第一次见面就给人亲切的感觉，虽然带着"教授"的头衔，但是对我们完全没有架子，亦师亦友。在浙大，刘教授在数学系里名声赫赫，做出的功绩数不胜数，但是在我们面前他没有一次让我们感觉到高不可攀的畏惧，而是像长辈一样关心我们、鼓励我们。一个平时忙于研究的教授，面对我们一群毛头小子，还能够把时间分出来关心我们，嘘寒问暖，这样对待我们真是让人心里一暖。

　　而且刘教授并不是三分钟的热度，在见第一面之后，每逢节日都会发来节日祝福，有时候还热情地邀请我们去大吃一顿，游游校区，对我们无私地关心照顾。对我们几个刚认识的毛头小子，他的亲切、热情让我们在陌生的地方感受到了家的温暖。在这里我想由衷地对刘教授说一声：谢谢！

让我记住你的名字

——记环资学院"新生之友"陈红老师

陈红，博士，教授，博导，环境工程系副系主任，中国环境科学学会水分会理事。2009年入选浙江省"新世纪151人才工程"第三层次培养计划。近年来一直从事环境科学与工程教学、科研工作，特别是在将生物技术和环境工程技术结合应用于废物资源化、污染环境的生物修复及新型污染物的控制技术等方面有着深入的研究。在 *Environmental Science &Technology, Environment International, Bioresource Technology, Biomass and Bioenergy* 等国外著名学术刊物上发表论文30余篇。授权发明专利4项。先后主持国家水体污染控制与治理科技重大专项子课题，国家自然基金面上项目，国家自然基金重大国际合作项目子课题，浙江省自然科学基金项目，浙江省科技计划项目等。主讲本科生课程两门，曾多次担任本科生班主任，并获校优秀班主任称号。

文 / 杨易颖

"每天上课、吃饭、走在路上遇到的同学那么多，但是真正能叫出名字的却很少。我很庆幸，'新生之友'让我又多记住了四个名字，四个可爱的姑娘。"陈红老师讲述着这些话，脸上洋溢着幸福与满足的笑容。

第一次接触"新生之友"的工作，她就感受到了其中无穷的乐趣。没有平时科研工作的严密、苛刻，没有班主任工作的硬性指标，"新生之友"让她在自由把握、灵活机动中摸索出自己独特的方法。

223

搭建高中—大学立交桥

从高中跨越到大学，是人生中非常重要的一步。如何让同学们更好地与高中衔接起来，进一步适应大学生活，是陈老师重点关注的问题。新生刚入学不久，她就与丹阳6–504寝室的四位女生取得了联系，约好首次见面的地点和时间。

"我最怕的就是她们刚进大学，被眼花缭乱的社团生活或者其他事情搞得晕头转向，导致一开始就在学习上落下。"

陈老师一方面鼓励四个女孩子们要充分体验多彩的大学生活，另一方面也积极打好预防针，建议她们能安排好自己的时间，始终把学习放在第一位。

之前有过担任班主任的经历，陈老师深谙一些同学会因为生活模式的改变，一下子不适应导致学业落后，最后导致退学的恶果，所以她会时常打电话，询问她们的近况。大一上学期结束时，理工科大类的同学普遍都要考很多门数学类科目，陈老师心里十分紧张，担心她们会出现挂科现象。等到考完试，她立即打电话询问结果，当电话那头传来说她们考试成绩还不错的时候，一颗悬着的心才放了下来。

高中的教育是填鸭式的，但是到了大学则完全不同，很多知识只有自己才明白是否已经掌握，很多机会也要靠自己去争取。她会时常留意学校的一些"2＋2"①、"3＋2"②的项目，只要有最新的资讯，她会第一时间告诉四位女生，叮嘱她们一定要提早做好打算，如果准备出国就要抓紧备考雅思、托福等等；校内保研也需要紧抓学习，保持比较不错的成绩等等。

"感觉陈老师真的很负责，而且雷厉风行。打电话通知我们说准备要来，不一会就到寝室了。"陈老师的高效给504寝室的女生留下深刻印象。在"新生之友"工作中，她也倾向于选择便捷、高效的电话、见面方式，能够让问题很快得到解决。其实陈老师无论是在"新生之友"工作，还是

---

① "2＋2"：指国内两年本科学习、国外两年本科学习，同时获取两校学位的中外合作办学项目。
② "2＋3"：指国内两年本科学习、国外三年本科与研究生学习，同时获取本科与研究生学位的中外合作办学项目。

在其他方面，都会体现出她一丝不苟、十分果断的做事态度。一次她与结对寝室的同学们在办公室里交谈，她的一位研究生拿着实验报告走进来汇报一些成果，陈老师就认真地指出其中的问题，并给出了改正的建议，很快处理好了这件事。

"有什么事情能做最好就立马做掉，不要拖延。"这是她对自己的要求，同样也把这个建议赠给四位姑娘。

担任专业选择好导师

由于浙江大学采取的是"大类培养"模式，很多同学在刚入学时对于将来要选定的专业都有些迷茫。"我首先了解了一下她们每个人的专业意向，他们有的已经明确了方向，但是也有的担心绩点不够高，迟迟没有做决定。"陈老师一方面了解学生的意向，一方面帮忙在学院打听选专业的绩点情况。

临近主修专业确认时，在陈老师的办公室里，她与四位女生进行了一场长达数小时的畅谈。

这一次谈话内容十分丰富，从专业发展现况讲到就业前景，中间还会穿插一些学姐、学长的成功案例。"我们那天下午感觉收获很多，尤其是对专业的理解上。"最后选择了环境工程专业的费晓琦感触颇深。她依然记得那天下午陈老师讲述自己研究课题的场景，从中她感受到了陈老师对环境工程发自内心的热爱和痴迷。

在带学生参观实验室的过程中，她介绍了目前正在做的科研项目情况：一方面是废弃物质的资源化，例如如何把我们吃剩下的废弃瓜皮果壳变成可以利用的资源，"我们可以做出可降解的生物塑料，减少污染问题。如果将来在桌子上能放一个用瓜皮果壳等废弃物制造出来的塑料杯，我就会很满足"。陈老师一边说着一边眼里透出无穷的期待；另一方面就是抗生素抗性基因的相关研究，最终通过先进的科研手段、监测环境中抗性基因的丰度，同时为减少抗性基因的环境风险提供依据……一次短暂而丰富的实验室之旅为这次相聚画上了一个圆满的句号。

环资大类里共有环境科学、环境工程、资源科学三个专业，陈老师虽说是环境工程专业的，如果寝室里有同学对另外两个专业有兴趣的，她也会积极地提供对应专业老师的联系方式。"我们会把老师提供的一些资源，比如常用网站、电话号码什么的写在纸条上，贴在宿舍门背后，这样有用的时候就可以随时查看，很方便。"费晓琦说道。

226

感悟从教酸甜苦辣

从浙农大环境保护系读完本科、硕士研究生，再到后来成为浙大的一名教师，陈老师可以说从未离开过校园环境。其实一开始做教师的时候，她在讲台上会非常紧张，没有充分的自信，更不必说体味做教师的快乐。有段时间，她甚至一度想过结束教师生涯，从事其他行业。但骨子里十分执着的她，只要决定了一件事，就要努力把它做到最好，不会轻易改变。

"那种幸福感和满足感是在一点一滴中慢慢积累的。"她娓娓道来。之前在做班主任的时候，也会遇到比较内向的同学很难沟通，或者是上课得不到积极的回应。"这种痛苦和不悦都是暂时的，随着教学实践经验增长，自己也会慢慢习惯，心态也会改变。"不久前，她参加了她教过的第一届学生的同学会，当她看到每个学生取得的成绩，心中充满了感慨："他们从青涩的小伙子、小姑娘变成对社会有贡献的人，自己能够为他们的成功付出一些，并能够见证这个过程，就很足够了。"

　　"新生之友"的工作也是这样，虽然寝室四人没有全部选择陈老师所在专业，但陈老师十分享受那种思想碰撞与交流的快乐，并为能带给她们哪怕只有一点点改变和帮助而感到十分欣慰。就像她在采访中不断重复的："我努力记住每一个同学的名字，他们都是我人生路上最宝贵的财富。"随着新一轮"新生之友"工作准备在即，陈老师又一次报名参与。

　　带着过去一年的经验与体会，她满怀憧憬，期待着下一次与四个未知的"她"相遇。

丹阳6-504寝室

◎ 陈　璐

　　在刚刚进入浙江大学的时候，对一切都不是很熟悉，学校给我们配备了学长组以外，还给我们每个寝室配备了一个"新生之友"。我们寝室有幸结对的是环资学院环境工程专业的陈红老师。

　　陈老师平日里工作、教学任务非常繁忙，时常需要出差，在学校的时间比较少，但是尽管如此，陈老师还是在百忙之中给我们寝室发短信、打电话，关心询问我们寝室几个人的学习、生活情况。

　　由于寝室同学需要上课而且时间段不同，大一上半学期我们没有和自己的"新生之友"见面，但是在上学期期中考试结束的时候，陈老师来到了我们寝室，和我们进行了第一次面对面的交谈。

　　陈老师询问了我们期末考试的感受，有没有特别困难的科目，对自己未来学习、人生的规划。那时候还没有确定专业，因此老师也给了我们一些建议，在很大程度上给了我们鼓励和引导。除此以外，陈老师还关心我们的生活，询问我们在浙大的生活是否还习惯。

在大一下半学期中，陈老师主动与我们联系，邀请我们去她的办公室进行面谈。她给我们寝室更加深入的专业、学习指导，也一一回答了我们对于学习、人生规划上的一些问题，为我们介绍了环资学院的专业方向和应做的一些准备，还有深造的一些选择。此外，她还邀请我们下次一起参加她带的研究生的日常活动。

陈老师是一个非常负责的"新生之友"。

◎ 蒋苏韵

初入大学，我们对什么事情都还是懵懵懂懂的，这时最需要有人能带领我们了解校园、了解专业，让我们更好地适应大学生活。这就是我们的"新生之友"——陈老师为我们做的事。

因为老师平时很忙，再加上同寝室的四个人时间不好凑，所以我们之间没有太多的时间面对面交流。不过这并不影响我们通过"新生之友"更好地适应校园生活。

初次见面，"新生之友"特意到我们寝室看望我们，对我们嘘寒问暖。那时我就觉得陈老师是个亲切、和蔼的老师。除了关心我们生活方面的问题，老师还问了我们对于专业的选择和未来发展的想法。由于大家对于专业的选择都不是很清楚，老师还仔细地为我们分析各个专业的优缺点和研究方向，让我们对专业有更深的了解，以便将来更好地选择专业。总的来说，通过第一次的见面，老师就让我体会到了她的认真和对我们的负责。

之后，在第二次见面之前，老师还时不时给我们每个人打电话，关心我们的学习和生活的各个方面，对我们关怀备至。

第二次见面是在老师的办公室，在确定专业之前。在这次的见面中，老师主要针对我们对专业的选择做出了建议和解惑。老师虽然是环境工程专业的老师，但还是客观地对生命与环境大类的专业一一做出了介绍，方便我们更好地认识和了解。同时也对专业的前景做出了一定的解释，使我们全面了解自己要选择的专业的利弊，客观地看待不同专业。这为我们之后的专业选择提供了很大帮助。

总体来说，陈老师是一个非常负责的老师，她对我们的关怀使我们更好地适应大学生活。我们都非常感谢她为我们所做的一切。

◎ 谢莉莉

初入大学，我对大学的一切都不太熟悉和习惯，为帮助我们尽快适应大学生活，学校为我们安排了学长组和"新生之友"。

我们寝室的"新生之友"是环境工程系的陈红老师。学期伊始，陈老师工作繁忙，出差一段时间，在校内时间不多，且与我们没有多少共同的空闲时间，因而并没有直接的会面。但陈老师依旧在百忙中抽出时间给我们发短信、打电话来关心我们的生活、学习情况，联系协调见面时间，终于在学期末时见了一次。

初见陈老师，我觉得她是一位看起来十分和善的老师，她亲切询问了我们入校以来的生活、学习情况，在"微积分"

等较难科目上是否有困难。陈老师向我们强调了大学期间，学习仍是我们的主要任务；在学习之外，参加一些社团培养能力是必要的，但不要贪多，专注参加一两个社团足矣。此外，她还提醒我们要早早地为今后的学习、生活定下长期和短期目标，明确自身发展方向，并为之不懈努力。

到了大一下的学期，在专业选择前，陈老师再次约我们在她的办公室见面。一进门，她就亲切地招呼我们坐下，热情地给我们泡茶。接着，她关切地询问了我们对专业选择的想法，详细解释了环境类各专业的主要学习、就业方向，以及学校里会提供的相关深造机会等情况。此外，她还询问我们将来就业期望方向，结合其自身学习、工作经验，分析今后读研和读博的必要性，为我们了解专业、做出选择提供了极大的便利。

总而言之，陈老师是一位十分认真、负责的"新生之友"。通过和她的交流，我们深刻地了解了各专业情况，为大学今后的生活打下了良好的基础。

231

◎ 费晓琦

进入浙江大学，学校给每一个寝室的大一新生配备了一名"新生之友"。我们是生命与环境大类的学生，我们的"新生之友"是环资学院环境工程的陈红老师。因为大一上学期陈老师在外出差了一段时间，而期末我们又学业繁忙，我们在联系协调了很多次以后终于找到了互相都有空的时间，进行了第一次的见面。

初见陈老师，我觉得她是一个亲切、沉稳的老师。她具体询问我们进入大学后，在与高中完全不同的教育模式下，我们在学习方面有没有困难，在比较有难度的"微积分"等课程方面有没有入门，并且向我们强调了大学期间学习的重要性。其次，她还向我们介绍了一些环资相关专业的交流项目，希望我们能够尽早规划今后的大学生活，有目的地学习、生活。她的出现让我提早考虑了专业、大学毕业后的发展等问题。

在我们选专业的前期，陈老师主动联系我们去她的办公室询问我们的专业意向。她向我们介绍了一些环资学院的专业，包括学习的方面、今后工作的方向等。值得一提的是，她还询问我们生活方面的事情，关心我们是否适应杭州的生活，讨论了当下大学教育模式的特点和我们遇到的问题，结合自己的人生经历、自己带的研究生的发展情况，给我们提出一些今后发展如是否读研、读博的建议。

"新生之友"制度为大一新生创造了直接与院系老师交流的机会，对我们的学习、生活带来了很大的好处，希望能够一直延续下去。

陈红老师

静待五朵花儿绽放

——记心理学系"新生之友"符德江老师

符德江，博士，心理与行为科学学系副教授。专业方向为工业心理学。开过"认知科学"、"认知工效学"、"数据结构"、"心理过程仿真算法"、"心理学及应用"等课程。2007年荣获浙江大学学生会主办的"我最喜爱的浙大老师"评选活动的"十佳教师"称号，2009年荣获评师网和新浪教育联合举办的"2009专业类最受欢迎十大教授榜（211院校类）"的"2009心理学专业最受欢迎十大教授"的称号。2012年获浙江大学奖教金，2013年获浙江大学年度优质教学奖二等奖。参与了863、国家自然科学基金、国防预研基金及Intel等国际公司的合作项目。主持过省部级、国际大公司等研究项目。为Motorola、Symantec、Microsoft、IBM和华为等国内外公司作过产品的工效学评价。

233

记者采访

文／杨易颖

一盏茶、一台投影仪、几张凳子，俨然可以勾勒出符老师在办公室与他的研究生做课题探讨的场景来。其实与此相似，做"新生之友"的工作，在他看来也是闲适、悠然的。

符老师并不是第一次担任"新生之友"了，在他的眼中，"新生之友"的工作既不同于班主任，也不同于辅导员，他觉得最关键的就是要抓好"三个月"——新生入学的三个月。在这段时间里能够解决一些问题，差不多就是达到"圆满"了。

234

"新生之友"工作就像是谈恋爱

第一次见面地点是在一间偌大的教室，是由学院统一安排的。在各个老师简短地介绍完总体情况之后，就开始了各个"新生之友"的单独行动。很快以寝室为单位大家聚集在教室各个角落，以符老师自己讲述为主，一个小时的时光很快过去，从高中到大学、从学习到生活、从科研到就业的种种概念已经初步停留在了寝室五位男同学的脑海里。

"这个工作和谈恋爱有点像，说白了就是如何快速地建立关系嘛！"符老师幽默地说。面对着五个略显内向的男生，在彼此陌生的环境下，偶尔会透出一丝的"漠然"。这个时候就需要符老师更加主动，向他们抛出"包袱"来，通过不断地引出话题，来缩短彼此的距离。凑巧的是，他所主要研究的心理学知识可以很好地运用到"新生之友"的工作当中，通过心理学中的一些指标，如"大五"（当代心理学的新型特质理论）可以在老师的心中勾勒出每一名同学非常清晰的"轮廓"："有的孩子比较开朗、外向，有的则内敛一些。我要做的就是帮助他们更好地发展自己的个性，走好大学这条路。"

不仅如此，利用心理学基本的一些观察方法，也可以洞悉他们的生活习惯、个性特质。"我到寝室就先观察卫生状况，和他们的书架摆放状况，还有他们的谈吐举止，可以发现很多东西。"记得有一次约定见面，五位男生都有一个共同的特点——把手机握在手里而不是揣在兜里，细心的符老师便发现了这一点，就从手机开始聊，分析了他们手里的三星手机和苹果手机的特质。"为什么苹果比三星卖得好呢？关键就在于那个退出按钮上。我们选择产品是要看功效的，退出按钮很好地解决了我们在玩智能机时的'迷路'状态，所以功效好卖得也会好。"随后，他又向五个男孩子娓娓讲述苹果的发展历史，很快就缩短了他们之间的心理距离，进而扩展到其他话题，达到了他们谈话的"默契"。

工作节奏"三步走"

"在我的眼里，'新生之友'的工作可以分成三步来做：一是在刚入学的时候跟他们五个普遍地接触；其次就是发现问题个别辅导，毕竟从心理学上看，他们每个人的心理特质都是独一无二的，所以要结合他们各自的需求来进行辅导；最后就是在确认专业后看他们需要什么，能够提供的就尽量主动积极地提供资源，然后就可以默默等待了。"

前几次的普遍接触，符老师主要着重于学习和人生规划上的交流，尤其对于男孩子容易沉迷于游戏，或是参与过多的社团活动的情况，他也提出了自己的建议，提醒他们要把握好这个"度"。结对寝室的男同学一般比较独立，所以在个人事务方面，很少有生活烦恼来请教他，但一旦有需要，符老师便有应必求。记得一次宿舍里一名同学要举办一个和心理学有关的活动，需要相关老师签字，他一下子想到了"新生之友"，就给符老师打来电话。那时候还是冬天，早上十分寒冷，打完电话不一会儿，符老师就从西溪校区赶到了寝室，为同学签了字。"从那件事情后，我们对符老师心里又多了一份崇敬和亲近，'新生之友'的'友'的感觉恐怕就是这样吧！"同学事后回忆道。

之前已经有了初步的规划，五位同学最后都选择了自己中意的专业，其中也有同学考虑出国，并做了一些准备。尽管他们中没有人选择心理学系，但符老师还是会尽力在学习上帮助他们。在申报 SRTP 科研训练等问题上，也会给予一定的指导。

现在要静静地等待

不同于大多数同学们在选专业时候的迷茫，五位男生对于专业的目标十分明确，有的选择了出国，有的直接保送了物理系。所以在专业这方面，符老师十分放心他们的"归属"。但他们心灵的"归属"又在哪里呢？

"其实我们做每件事情的时候，内心都知道自己要的是什么。我们为什么要做某件事，目标在哪里，得失如何平衡。"作为"新生之友"，他认为他所要做的就是搭建一座桥梁，把他们通向未来的路搭好。需要做的第一件事情是了解他们，另一件就是等待。

他认为浙大的学生在学术上是非常有智慧的，但是对大学四年的目标、对以后人生的道路可能不太清晰。家长未必知道这些问题，而班主任、辅导员可能也仅仅管束了外在的一些东西，那么"新生之友"就尽量要发现这些问题，适当地点拨，发挥"润物细无声"的作用。

"我不会对他们有强制性的要求，或是严厉地训斥他们，因为我没有这个权力；但是我也不会矫揉造作地说'今天我们来谈谈人生'，我认为通过一些话题，能够最终切入核心的问题所在，剩下的就靠他们自己去领悟了。"符老师语重心长地说。

他说："我希望能够做到的，就是给他们嵌入一个观念：我度过的每一年、每一天、每一秒对于当下都富有意义，然后继续往前走。可能以后会后悔，但是现在我们要尽量做到将来回望能少点遗憾。"

在符老师的心目中，五位男孩都是非常有主见的。再加上他们课业十分繁重，在适应了大学生活，有了自己的生活轨道后，符老师就尽量不再去打搅了。但与此同时，他也十分感慨自己没有像其他老师那么富有"情趣"。"我还不曾请他们到咖啡厅坐坐，或许那样的环境更好些。"伴着爽朗的笑声，符老师说道。

"菩提本无树，明镜亦非台。本来无一物，何处惹尘埃？"符老师随性地背出《六祖坛经》中的选句，伴随着由内而外散发出的随性气质，静静等待他呵护的五朵阳光的花儿绚丽绽放。

238

符德江老师

学生眼中的
新生之友

青溪1-625寝室

◎ 万　鹏

　　夏日炎炎，刚刚经历过军训的我，猝不及防地开始了在浙江大学中的新生生活。

　　由于高中没有住宿的经历，所以我对宿舍中的生活不是很适应。

　　这时听到了同一寝室的室友说会有"新生之友"和寝室挂钩的制度，我莫名地产生了新鲜感和期望感，心里一直在猜想，会是哪位老师担任我们寝室的"新生之友"。在几天之后，我所期待的问题终于得到了解答。这一天，我和室友受邀前去和"新生之友"会面。我们议论纷纷地走向教室。一位和蔼可亲的老师告诉我们，他叫符德江，将担任我们的"新生之友"。他说，他是一位心理学的老师。我们兴奋地问他关于学校和专业的问题，符老师认真而幽默地给我们详细地解答。这一天，他给我留下了深刻的印象。

　　慢慢地熟悉紧张的校园生活，尽管也觉得有所不适应，但是在"新生之友"和室友的帮助和鼓励下，我们仍在不断地成长着。虽然也经历了一点挫折，但是总是能及时得到老

为
了
一
切
学
生

239

师的帮助。我很感谢"新生之友"这一制度，因为它将老师和学生之间的距离拉得更近了，让新生能够更加快速地了解浙江大学。我希望符老师能够在新的一年里帮助新的大一新生得到更多的帮助，将我们所得到的关心继续下去。

◎ 杨明宇

在大一学年初，刚刚步入大学尚且青涩稚嫩的我们遇到了学校给我们安排的"新生之友"符德江教授。初遇符教授，便被他幽默的性格和和蔼可亲的态度所打动了。从前的紧张与不适应在这个心理学教授的面前被一扫而空。渐渐地，我们与符教授熟络起来，互相询问彼此关心的问题。

符教授关切地询问我们最近的学习、生活怎么样，有没有什么困难或者不适应。我们把刚刚进入大学的所见所闻都向教授一一做了叙述，教授听过之后对我们在学习、生活上遇到的困惑和问题做了详尽的解答。在学习上，他建议我们经常做好预习，做好课堂下面的功课，然后结合课堂上老师的讲解对问题进行理解。在生活上，教授给了我们很多生活上的小建议、小贴士，让我这个成长在北方、不太适应杭州气候的学生有了很多收获。

和符教授相处时可以发现，教授对事情非常有见地，而且十分亲切，从来没有教授的架子，让我们觉得很是舒服。记得有一次，宿舍有一位同学在课程上有一些疑问，就给教授发去了邮件，教授看了之后非常关心。过了几天，特意从西溪校区赶过来向那位同学询问，还在我们宿舍仔细观察，询问我们的生活，十分关心我们的成长。这让我那位室友和我们这些同学很是感动。

在这里我要感谢学校能给我们认识并得到教授关注和照顾的机会。这样的"新生之友"制度，对于正在适应大学生活的我们而言十分重要。当然，我们也永远不会忘记教授对我们生活和学业上的关心和帮助，带着教授对我们的期望继续我们接下来的大学生活。

◎ 张小村

"新生之友"是浙大的一项创新型的政策，在刚刚成为这里的新生以后，我对这个制度充满着好奇。第一次和"新生之友"见面的时候，感觉老师不但平易近人，而且对我们年轻人的生活、态度并不排斥，于是我们的第一次见面愉悦而自然。

渐渐地，我们踏入学习的正轨，也渐渐地有些忘记这个曾让我们有小小惊讶的"新生之友"。有一次，我参加的一个项目需要找到一个指导老师，我自然而然地想到了符老师。本来以为老师不会太在意这种事情，没想到符老师居然在之后主动联系了我，还来到了远离他办公地点的紫金港校区的宿舍询问近况。在我们的项目进行期间提出了很多针对性的意见与指导，帮助我们小组改正了很多不足，这让我们的项目进行得尤为顺利，而且也拓宽了我们的眼界。

平时有一些选择专业、生活其他方面的问题，我也会选择询问我们这位"新生的好朋友"，从中也得到了不少的启发。符老师在我们大一的生活中添加不少乐趣，也让我们的学习、生活少了一丝迷茫。

如今即将步入大二，我希望能够将这份特殊的友谊保持下去，让我们在"浙"里的生活更加丰富多彩。

◎ 赵长乐

刚进大学的时候，知道浙江大学有一个叫作"新生之友"的制度，是给每个寝室分配一个指导老师，而我们的指导老师便是符德江教授。

与符教授的第一次见面是在一个不大的教室内，初遇符教授，便被他幽默的性格、和蔼可亲的态度所打动了。从前的紧张与不适应在这个心理学教授的面前一扫而空。渐渐的，我们与符教授熟络起来。

符教授询问我们，最近的学习生活怎么样、有没有什么困难或者不适应，我们把刚刚进入大学遇到的困难和对大学的困惑告诉了符老师，而他也在各个方面一一解答。在学习上，他建议我们经常预习，做好课堂下面的功课，然后结合课堂上老师的讲解对问题进行理解。

和符教授相处时可以发现，教授对事情的看法非常有见地，而且十分亲切，让我们觉得很是舒服，最重要的是符老师对我们的学习、生活非常的关心。宿舍有一位同学在课程上有一些疑问，就给教授发去了邮件，教授看了之后特意从西溪校区赶过来向那位同学询问，还在我们宿舍仔细观察，询问我们的生活近况，这让我那位室友和我们这些同学很是感动。

浙江大学的"新生之友"制度，对于正在适应大学生活的我们而言十分重要。当然，我们也永远不会忘记教授对我们生活和学业上的关心和帮助，带着教授对我们的期望继续我们接下来的大学生活。

◎ 赵子正

去年秋天，在我们来到浙大正式上课后没多久，认识了一位和蔼可亲的老师——符德江老师。他细心地询问我们很多对于未来发展的问题，并一一给出了自己的观点，为我们以后的目标指出了具体的方向。其中，符老师还细心地指出大学中最容易犯错误的地方，给了我们最中肯的建议，正是那天让我们感觉真正进入了大学生活。

符老师与其他"新生之友"的区别就在于他不只那一次与我们交谈，他会时刻为我们解决在学习及生活中的疑难困惑。其中印象最深刻的就是我的一位室友在社团工作上遇到了问题。在他四处求援无果的情况下决定向我们的"新生之友"符老师寻求援助，符老师不仅认真地帮助他，还特地来到我们的寝室，帮助室友彻底解决了项目上遇到的难题。同时，他也细心地询问我们的生活状况、学习进度，并一再嘱咐我们要学会自主独立的学习方法，要能有把握自己生活和学习时间的能力。最后，他挨个询问了我们的健康状况，让我们注意自己的作息时间，注意健康状况。

符老师给我最大的印象就是细心，他总能慢条斯理地听我们说完我们的需要和问题，然后再逐字逐句地解答帮助我们。这种细心的态度不仅对我们的大学生活起到了决定性的作用，同时还教会了我们做事情的道理，一定要认真对待每一件事，只有细心地去考虑、细心地去做，才会获得好的结果，这就是我们的"新生之友"符老师。

"播下一粒种子，也许能生根、发芽，蔚然成荫"

——记航空航天学院"新生之友"修鹏老师

修鹏，理学博士，现为浙江大学航空航天学院应用力学研究所副教授、硕士生导师。研究领域为生物力学和软物质物理；在《自然·纳米科技》、《美国化学学会会志》、《美国科学院院刊》、《物理评论快报》等期刊发表 SCI 论文 30 余篇。

"我从 2013 年 9 月开始担任 2013 级工科试验班"新生之友"（蓝田 6 幢 2012）。我认为，要做一个合格的"新生之友"，除了要具有责任心外，也要有平等心和童心。我通过寝室走访，与学生喝茶、吃饭，以及赏梅、爬山的方式，与他们保持"亦师亦友"的关系——既及时了解学生的学习和生活的状况，引导他们适应大学生活；又注重与学生的情感交流。通过与学生的相处，让我的心态年轻了不少，而且他们身上的一些优秀品质（比如说纯真），也反哺了我。"

——修鹏

文 / 胡佳诗

"向峥很活泼，常常会主动联系我；科宁很有艺术天分；奔宏比较内敛，但在网上还蛮活跃的。"说起自己联系的三个新生，修老师总是满脸笑意。在他的电脑屏幕上还有一张合照，是他和三位学生集体出游时留下的合影，其乐融融，很像一家人。这一年，"新生之友"就像一条纽带，把修老师和三位学生连在了一起。

玉皇山上的秋游

修老师是个 80 后，穿着休闲，说话随和，平时戴着眼镜背着书包走在校园里，就像个大学生；他和学生相处时也不端老师的架子，平易近人。在生活中，修老师喜欢旅行踏青，亲近自然，用他自己的话说，就是"有颗童心，喜欢与学生一起玩"。而事实上修老师和三位学生之间比较亲密的关系也是在一起出去游玩的时候慢慢建立起来的。

第一次一起出去玩是去年 10 月，修老师约了三位学生一起去爬山。初秋时节，天气微凉，修老师带着三位学生从玉泉校区出发乘公交去玉皇山，一边爬山一边聊天，聊生活，聊学习，也聊他的个人经历。"修老师和我们没什么年龄界限，特别愿意把自己的经历与我们分享。"向峥说。

玉皇山上有一个求姻缘的庙，修老师就问三位学生有没有女朋友，这个话题学生比较感兴趣又聊得开，大家一下子就热闹起来了。

"苏科宁最近一直说想找个女朋友呢！"向峥快人快语说到。

"别听他瞎说，"苏科宁一下子急红了脸，马上跳出来反驳，"我爸妈在我来读大学之前可是关照过我的，让我在念大学的时候要好好学习，不要谈恋爱。你别乱扯啊！"

"那奔宏你呢？"修老师问。

"我啊，我家里人跟科宁家里刚好相反，"林奔宏比较内向，他挠挠头，继续说道，"从我进大学开始，我家人就一直在催我赶紧找个女朋友，每次打电话回去也都在问我这个问题，有时候都被问得烦了。"

"哈哈哈……"修老师和其他两个学生都笑了起来。"我还是建议你们多参加社团活动，不要老是宅在寝室或者自习室，"修老师自嘲地说，"不要像我一样，在感情方面'少壮不努力，老大徒伤悲'，毕竟，校园爱情还是很可贵的。"

在山上，修老师还给他们讲了自己的一个故事。去年暑假，修老师带着十几个学生去甘肃南部的藏区支教，途中遭遇了泥石流和山体滑坡等各种自然灾害，他们携支教物资跋山涉水进藏区。这段与学生同吃同住、同生共死的支教经历是修老师津津乐道的话题之一，他也跟三位新生分享了很多独特的经历和体验。比如，支教结束后他带着学生刚刚离开，支教地就发生了地震，换作一般人都会觉得是幸运，但修老师却说"要是此行能经历地震，那就完美了"，回忆起这句话，向峥至今都觉得修老师的想法真是特别。

爬上玉皇山，他们在茶馆喝了茶稍作休息，又去了八卦田。一路上有不少人文景点，修老师都会停下来给他们讲解一番，"虽然他们是工科生，但我也希望他们在文史知识上有所涉猎"。

"学生们的优秀品质也反哺了我"

走出寝室，离开学校，出去玩的时候大家都比较放松，彼此间可以像朋友一样平等地沟通，自然而然地拉近了师生间的距离。有了第一次出行的愉快经历，学生们很快就与修老师熟络了起来，还主动约老师一起出去玩。老和山下，植物园中都有过他们出游的身影。

"我觉得并不需要把'新生之友'当成一项工作或任务，而可以看成是一种休闲放松的方式，童心和平等心是我一直很看重的两个观念。"苏科宁也说，修老师像一个亲切的邻家哥哥，又和蔼又有耐心。

除了作为朋友的童心和平等心，"新生之友"还需要有作为师长的责任心。"为师嘛，就是答疑解惑。"在这方面，修老师主要给学生的是一些大方向上的指引。

在第一次见面的时候，修老师就和三位学生在宿舍聊了些关于人生和职业的规划：如果决心走科研道路，在大学期间要关注些什么；如果想毕业直接工作又有哪些地方需要留心。还有在专业选择上，浙大有什么优势专业，在选课的时候哪些老师是广受好评的，这些他都一一告诉了学生。

"虽然他们是工科大类，而我是理科出身，但有些共通的东西是我可以教给他们的。毕竟人生方向的选择对他们来说是很重要的。"

尽管有繁重的科研任务，修老师还是很愿意接手学生工作，"也不需要上升到热爱的高度，但我确实是喜欢学生"。浙大的学生们纯真、阳光、充满活力、积极向上，无论是之前参加的支教活动还是这次的"新生之友"活动，跟学生的相处都使他感到轻松愉悦，而且收获颇多。

"我从学生那里也学到了很多，像人人（网）、98①，都是他们告诉我的，还学会了一些新网络流行语，像男票、女票、掉节操之类的，与他们相处让我的心态也年轻了不少。"

在修老师眼中，"新生之友"不仅是老师对学生的帮助，反过来学生也带给了老师很多，"学生们的一些优秀品质也反哺了我，所以真觉得能接到这份工作是我的幸运"。

"让改变传承下去"

修老师对"新生之友"是持肯定态度的，他把它称为"探索新型的师生关系的一种有益尝试"。在普通的教学活动中，

---

① 98：全称"浙江大学学生CC98论坛协会"，简称"98"，隶属于浙江大学计算机与软件学院。CC98论坛是一个能够联结学生、老师、学校的交流平台，也为以浙大师生为主体的广大网友提供一个网上学习和交流的路径，从中充分展现当代大学生多姿多彩的课余生活和网上文化生活。

老师和学生之间是一种教与学的关系，而辅导员、班主任和学生之间有管理和被管理的意味，缺少"友"这层意义。而"新生之友"恰好弥补了这一空缺，"亦师亦友吧"。

探索新事物不可能是一帆风顺的，"新生之友"推行的前几年碰到过一些困难，比如很多时候都是老师"剃头挑子一头热"，而学生却没什么劲头，长时间下来老师的热情也就消退了。但修老师却觉得或许可以从老师自身方面再做些改进，毕竟由于年龄和地位的差异，学生一开始的不积极是可以理解的。

今年年初向峥的膝盖损伤了，后来无意间向修老师提起，"当时也就是随口一说，但修老师却把这件事情放心上了，之后找了几个学医的朋友问了，还给我推荐了医院"，这件事让向峥非常感动。

苏科宁的小提琴拉得很好，有一次修老师在 cc98 论坛上看到有乐队在招募小提琴手，就把这个链接发给了他。"新生之友"不仅是提供学业上的帮助或者一起去玩这么简单，还需要老师从生活的点滴小事中去关心、理解学生。

"这是我第一次担任'新生之友'，可能做的不算太成功，还有不少需要改进的地方，"修老师笑了起来，"在以后的'新生之友'工作中我会继续摸索。"

学生们对修老师的评价很高，"我们也问过其他同学，但没有一个像修老师那样对我们上心的，所以我们都很喜欢修老师，也很感谢他"。向峥说，他主动提议下学期开学的时候和老师再聚一次，而且这一次他们还要作为学长与老师一起见下一届的大一新生。修老师也赞成这个意见，他希望

"新生之友"能慢慢改变传统师生之间的关系，并在年复一年的实践中让这个改变传承下去。

修老师对学生的喜爱令人动容，而在他的脑海中，这与一个在浙大广为传颂的师生故事密不可分，这便是竺可桢老校长和汤永谦先生的故事。当时身为学生的汤永谦因病在路边休息，竺校长骑车路过。看到汤永谦后，竺校长叫出了汤永谦的名字，得知他生病后，竺校长亲自骑车载着他去教室。正是竺校长对浙大学生汤永谦的一次照顾让汤先生一生铭感，才有了今日的永谦广厦①和文琴雅韵②。

"如果几十年后学生还能回想起来，在入学之初有老师在情感上关心过他们，学生对浙大的认可度、归属感应该也会增加。我们不经意间播下的一粒种子，也许能生根、发芽，蔚然成荫。"

---

① 永谦广厦：指浙江大学知名校友汤永谦先生为母校捐资建立的"永谦活动中心"和"永谦数学大楼"等大型场馆，为广大浙大学子开展各类丰富多彩的学生活动提供了支持。
② 文琴雅韵：指浙江大学知名校友汤永谦、姚文琴伉俪捐资创办的"文琴艺术总团"，是浙江大学师生艺术爱好者开展校园艺术实践活动的校级群众性艺术团体，下设民乐团、交响乐团、舞蹈团、合唱团、键盘乐团和戏剧社六个分团，其演出水平高、专业性强，享誉全国，同时经常出国演出交流或参加比赛。

学生眼中的
新生之友

◎ 林奔宏

　　还记得第一次遇见我们的"新生之友"——修鹏老师时，正值炎炎夏日。我与室友匆匆赶到临水报告厅，参加 2013 级"新生之友"寝室联系活动的启动仪式，从此便与修鹏老师结下了一年难忘的缘分。

　　最难感受到的，有时却也是最感同身受的。白驹过隙，蓦然回首，碎裂的时间沿着伞架滑下，往昔的情节却好似雨点匆匆打击屋檐。大一生涯就要过去，修老师也和我们一起见证了秋冬春的离去，迎接这一季盛夏的热烈。朝花夕拾，细看过去的点点滴滴，沉淀出生命中的意义。那一次相见，那一次寒暄；那一次聚会，那一次远游。那一份温情在心中温柔绽放。

　　拉开回忆的情节，回想第一次遇见，回想那时的空气，那时的温度，那时的云来的恰到好处。我们在寝室促膝长谈，谈大学生涯，论兴趣爱好，涣然而逝的是坚冰隔阂。我永远也不会忘记，在我选课遇到困难时，是你的亲切的一个电话，让我倍感温馨。

尘封在电脑中的张张照片，如今重拾，掸去灰尘，思绪好像回到了从前。当青涩的我们踏入玉泉校区大门，你充当起了导游。跟着你，我们参观了这古老而又儒雅的玉泉校区，也品尝了玉泉的精美小吃。我还记得玉皇山的八卦田是那么的和谐律动、植物园的万梅园是那么的淡雅清新。微风从山间掠过，瞬间和永恒零距离。

转瞬之间你我的世界越走越远。叶无痕，飘向窗前来；花无语，飞过秋千去。离别之际，我相信，这绵延的故事并未了。或许以后再遇见，我们会微微一笑，抑或是三两问候，但这一份回忆不会在时间的浪潮中发黄生锈，飘零一地。

◎ 苏科宁

来浙大之初，面对着完全陌生的环境，无知的我内心充斥的是迷茫。大学生活和高中完全是两种模式。比起高中，大学生活更丰富，人际关系更复杂，同时还有学业上的压力，有些机遇还要自己去探索。而"新生之友"修鹏老师帮助我们解决了这些问题，让我们能更快地融入大学生活。

记得第一次见到修老师，是在"新生之友"的启动仪式上。经过学校领导的介绍，我们对"新生之友"的制度有了一定的了解。之后修老师来到我们的宿舍，开始了第一次的交流。我们互相进行了简单的自我介绍，交流了一下兴趣、爱好等等。之后我和室友还到玉泉校区找修老师游玩老和山，品茶聊天。老师给我们简单地介绍了一下浙大的历史以及现状、浙江大学的一些学术成就，询问我们的专业意向，并给出一些自己的建议。大一上学期结束后修老师还询问我们的成绩情况，关心我们的学业成绩。

总之，在大一这一年里修老师给了我们很多帮助，不仅在学习上提供了一些建议和指导，在大学生活上也为我们答疑解惑，同时结合自己的人生经历，给我们指点迷津。可以说，在修老师的帮助下，我们更快地适应了大学生活，对浙大有了更好地了解。我眼中的"新生之友"不是高高在上的教授，而是新生的大朋友、好朋友，帮助我们走好大学第一步，修老师正是这样一位合格的"新生之友"。

◎ 向 峥

中等个子，简单的衣着和一个手提袋，一眼就看得出年龄的外貌，典型的学者气质，这大抵就是修鹏老师给我的第一印象吧，朴素、谦逊和低调。

第一次见面是在临水报告厅。有些担任"新生之友"的老师在仪式结束后与同学寒暄了几句就离开了，修老师则到我们的寝室和我们聊了起来。后面有多少次见面呢？唔，我也数不清了……我知道的是修老师约了我们很多次，带我们逛杭州，不是逛那个属于西湖、灵隐寺的杭州，而是寻找隐匿在诸多游人如织的景点背后的另一个历史厚重的杭州，游走在一个不那么如雷贯耳，体验起来却是细腻、别致，一样充满故事的杭州。有没有想过，一个科研压力繁重的大学教师会特意花一整天时间和你一边游览名胜古迹，一边谈论景点的故事，谈他的支教经历、大学老师之间的故事、他的情感经历，乃至开玩笑地给出情感建议？

就我的体验而言，我对我的"新生之友"修老师的定位似乎与学校的略有不同。老师在选课、学业等方面的帮助很多时候其实不如学长、学姐，因为没有人比学生更了解学生的生活。因此我眼中的"新生之友"应该是拉近学生与老师关系的一种方式，而且我更愿意将修老师作为我了解浙大、了解杭州的一个窗口。在发现有几天日程表是空着的时候，我脑中经常会想起修老师提到的某座山、某间寺庙，此时不去更待何时呢？

最后，有同学和我谈论"新生之友"时说，不知道和老师聊什么，我现在想到的回答是，聊什么并不重要，重要的是你愿不愿意聊。愿意，是一切的开始。

修鹏老师和结对新生

这个老师好亲切

——记化工系"新生之友"蒋新老师

蒋新，博士，副教授。1995年于浙江大学获得博士学位，随后一直在浙江大学从事科研和教学工作。

研究工作集中在化学反应工程领域，主要包括纳米粒子制备、催化剂工程、微反应器技术等。先后承担了6项国家自然科学基金、863等国家级项目和十余项省部级及其他项目，出版专著一本，在 TOP 及其他期刊上发表论文80余篇。教学工作主要承担本科生专业课程"Chemical Reaction Engineering"和博士生、留学生课程"Multiphase Reaction Engineering"。另外，除了指导本科毕业论文、SRTP项目外，还承担班主任和"新生之友"等工作。

文／周靖皓

《这合成的不是化学，是寂寞》、《盘点数学里十大不需要语言的美妙证明》……在蓝田学园 6-3032 的宿舍里，三位同学的手机不约而同地收到了几条微信，而这几条微信的发送者是身在几公里之外的蒋新老师。

身为化工系的副教授，蒋新老师在过去的一年里又多了另一个身份——三名大一新生的"新生之友"。在"浙里吧"的第一次见面，蒋老师见到了三个有些拘谨的大男孩。

"虚拟空间"里的朋友

初次见面没多久，蒋老师就给他联系的三名学生建立了微信群，从此以后，"一老三少"在"手机上的友谊"便开始了。三位学生很快发现，他们的手机变成了一个信息百宝箱，从浙大的校园动态、实用的电脑技巧到有趣的科学小知识，蒋老师发来的微信可谓应有尽有。在一来一去的互动中，这个微信群很快便热闹起来了。

"和我们那个年代不同，现在的学生更喜欢在虚拟空间里交往。再加上我们见面的机会并不太多，所以我就利用虚拟空间和同学们交流。"作为一名科学工作者，蒋老师可谓是紧跟时代的潮流，他甚至还给同学们一一拍了照片，设为手机通讯录里的头像。在手机微信的帮助下，蒋老师渐渐发现，三个有些拘谨的大男孩变得活泼起来。

"大学一年级的同学更像是中学生，孩子还没有完全融入学校。很多对老生来讲很自然的事情，对于新生却很陌生。"有一次，一位同学跟蒋老师诉苦，说晚上在寝室自习老是受干扰。原来他不知道学校的图书馆、教学楼晚上可以自习，蒋老师跟学生详细介绍了下自修可以去哪儿。有时学生会来问该看什么课外书，蒋老师便会推荐他多看一些跨专业的书，比如艺术、音乐等。在选专业时，蒋老师会根据自己对各专业的了解，尽力解答同学的问题。同时他也会尽量客观地介绍自己所在的化工系，不仅仅介绍优点，也告诉学生化工专业会接触一些有害的危险物质等一些问题。

逢年过节，蒋老师会提醒他的学生给家里打个电话；考试前几个星期，蒋老师会预告他们浙大考试的情况；放假回家时，蒋老师会转发一些防止诈骗的文章给他们，提醒他们注意安全……如今，在三名同学眼里，蒋老师不仅仅是一位亲切的老师，更是他们的好朋友。能够经常收到蒋老师的消息，得到蒋老师的回应和帮助，同学们感觉挺不错。

不讲大道理的老师

曾经做过两次班主任的蒋老师遇到过不少内向的学生。面对老师，他们不太善于表达自己内心的想法，谈话往往会发展成老师一个人在讲"大道理"。其实作为老师，蒋老师也不希望一味地讲大道理，对此，他自有办法："开始的时候，同学们都会比较拘谨，老师需要跟他们开开玩笑，比如在微信群里发一些有趣的东西。如果你总发一些很严肃的文章，学生也不敢跟你聊了。"于是，《差点被笑死，现在的孩子已经被逼得思维如此缜密了！》、《浙大校园里的黑天鹅宝宝萌翻了！》便出现在了同学们的手机上，随之而来的便是同学们回复的笑脸。

"大学确实可以说是人生观、世界观形成的关键时期。我们浙大的学生在中学时代往往被管得比较严，一门心思扑在学习上。上了大学，忽然放松后，一方面接触的世界宽广很多，另一方面也常常不知道自己该在哪些方面着力。"对蒋老师而言，他更希望从细节上指导学生，包括学业，也包括为人处世。他常常提醒他的学生，除了学习和分数，拥有一颗感恩的心对人的成长更加重要。

与很多同学一样，在大一下选专业时，蔡亚明也碰上了选择的烦恼。不过他的烦恼却来自于他的家人：父亲觉得电力有前景，要他选电气工程；母亲觉得医生好就业，要他报医学；爷爷却觉得家乡建设发展好，要他学土木工程；而蔡亚明心里却喜欢上了能源专业。思前想后，左右为难的蔡亚明只好抓起了手机，向蒋老师求助。在电话里，蒋老师告诉他的学生，虽然父母的想法会和孩子不同，但在这个世界上，父母对孩子的心是任何人都不能替代的。可以把父母的话当作参考，但不要当成约束，要有自己的主意。

后来在第一次专业确认时，蔡亚明因为成绩不够而没有被录取，于是向蒋老师询问化工系的情况。没想到一个简单的问题得到了蒋老师非常详细的回复，让他深受感动。之后经过努力，蔡亚明在第二次专业确认时进入了能源与环境系统工程专业。虽然最后没去蒋老师的化工系，但蒋老师对他的关心深深地印在了他的心里。

两个时代的新老浙大人

作为一名从本科读到博士毕业的老浙大人，蒋老师在学生身上总能看到自己当年的影子。

当时网络还不发达，大家面对面的交流活动比较多。刚进学校就会有各式各样的老乡会、社团纳新，带你玩遍校园的同时也让你了解到学校的很多信息。那时还没有实行大类招生，班级从头到尾都是不变的，大家的感情也很深。蒋老师至今还记得当时的班主任在考试前会来看望大家，有时还会带点小吃。"中学时代同学们一心忙高考，再加上可能不住校，相互之间的感情要稍弱一些。大学这一段时光则是非常宝贵的，同学之间都有很纯洁的友谊，还有很多难忘的故事。"

时过境迁，如今的大学生活有了很大的不同。网络的发达使同学们的见识远比蒋老师大学时的丰富，却也促使同学们更愿意宅在寝室里，面对面的交流机会变少了。另一方面，大类招生在带来好处的同时，也淡化了班级的概念。变换的班级使得每一个班级的感情都不是特别深，毕业了的同学常常缺少归属感。今年蒋老师要组织大学同学的 25 周年聚会，昔日的老同学们将从世界各地赶回来。"我们的同学会总是很热闹，大家都很开心。我觉得大学友谊是人生中很重要的一部分，很可惜现在学生的班级情谊不如以前了。希望学校能在大类招生的基础上再做一点创新。"

相比以前当班主任的经历，蒋老师觉得"新生之友"能够与学生有更深的交流，有时四年的班主任还不如一年的"新生之友"对同学们了解得多。虽然浙大老师的压力很大，"新生之友"的工作无疑加重了老师的负担，但浙大的老师们还是非常负责的。"当学生有问题向老师寻求帮助时，作为老师，当然有责任去帮助学生。"

"新生之友"不仅仅是"新生"的朋友，当这些新生逐渐成长，毕业，这份情谊却永不毕业。"一老三少"的情谊始于微信，蒋老师希望这个微信群能够一直保留下去。"时不时的，我仍会往群里发点消息，也希望同学之间留下一种良好的联系，哪怕以后同学们分到不同的寝室、专业，大家还能够聚在一起吃饭、聊天。如今班级的概念淡化了，也许'新生之友'制度在这一点上能做一些弥补。"

学生眼中的新生之友

蓝田 6-3032 寝室

◎ 卞腾跃

在浙大，"新生之友"这个名词对每个人来说都不陌生，我们每位新生从"新生之友"身上得到的切身帮助是不可磨灭的。按照传统，每个寝室会安排一个老师作为"新生之友"。

最初的时候，我们并没有太在意这个所谓的"新生之友"的存在，觉得已经有了学长组，也有了辅导员，"新生之友"的存在还有什么意义呢？记得第一次和蒋老师会面是在白沙综合楼的"浙里吧"。他给我的第一印象就是和蔼可亲、平易近人。他问我们专业方面的兴趣和疑惑，还细心地嘱咐我们如何适应大学生活和学习，如何处理各种冲突。蒋老师的平易近人一下子拉近了我们的关系。第一次见面的时候我们互相留了联系方式，还加了微信好友建立了讨论组（这个还真让我们有点吃惊）。蒋老师工作繁忙但还是会经常抽空和我们联络交流，及时给予我们生活和学习上的帮助。在微信的讨论组中，他经常会给我们转载一些好的文章和有用的资讯，遇到节假日还会给我们送来祝福，并提醒假期的安全问题，对我们关怀备至。还记得，选专业的时候，我的一个室友有好多专业方面的困惑，只是无意当中跟蒋老师提了一下，没想到蒋老师竟然十分细心地单独跟他谈了很长时间，这让我们都十分感动。

"新生之友"真正地做到了与新生做朋友，我们从中得到了很多帮助，非常感谢蒋老师的帮助，非常感谢学校的这种"新生之友"制度，希望这项活动会帮助一届又一届的求是学子。

◎ 蔡亚明

和蔼、亲切，这是蒋新老师给我的第一印象。第一次在"浙里吧"见面，蒋老师就给我们三人留下了一个平易近人的印象，让我们在他面前不由自主地消除了学生初见老师的那种紧张感，让我们可以敞开心扉地与他交流。

第一次见面结束后，我们在微信上与蒋老师进行交流，蒋老师经常给我们推荐一些励志文章，让我们在学习或是生活低潮中重新唤起努力前行的动力。

要说我和蒋老师之间的情谊，不得不说我与蒋老师那一晚的交流。

第一轮专业确认中，由于自己成绩不够与教务系统更新不及时的缘故，我被能源与环境系统工程专业刷掉。当时我的心情低落到了极致，同时内心也万分着急。在一番查询之后，我了解到化工专业还有不少名额，自己二轮确认报名化工专业最有把握。但我又不了解化工专业，怎么办？对，蒋老师，他是化工系的老师，我可以去问问他，可是他会理我吗？我在心中问自己。鼓起勇气，我在微信上向蒋老师发了信息。我原本以为蒋老师很忙，不会回我，但是，不久之后，我就收到了蒋老师的回复。他急切地问我具体情况，当得知我想报名化工专业之后，蒋老师又耐心地为我讲解化工专业的所学知识、就业前景等等。不知不觉中，这次交流结束了，我惊讶地发现，蒋老师为我花费了将近两个小时。这时，我不由得觉得，有这样一个认真负责的"新生之友"是一件多么幸运的事情。

感谢蒋老师，感谢这一年的陪伴。

◎ 陈志敏

高中时一个老师要对四五十个人负责，大学时的老师要对几百个人负责，可是"新生之友"只对一个寝室负责。"新生之友"对于每个寝室都是宝贵的资源，蒋新老师是化工系的老师，和我们的专业十分贴近，深深了解我们工学大一新生的培养方案和毕业后的就业状况，对我们的未来学业和人生规划起到了重要的指点迷津的作用。

老师很忙，可是遇到和我们有关的事就会很舍得花时间。初次和蒋老师见面，老师就和我们聊了很久，了解我们刚进大学生活和学习的适应情况，和我们分享了许多自己的经历，让我们意识到大学四年的重要性，绝不是随便玩玩就过去的，这对我们之后一年的学习和社团活动中做出的努力都有很大的影响。

后来，在我们为选专业而焦头烂额的时候，我们第一个想到的也是蒋老师，蒋老师为我们建立了一个微信群，平时也会忙里偷闲和我们聊聊天。据室友说他选专业时遇到很大困难，只是和蒋老师发了一条消息，蒋老师很认真地回复了长长的一条，之后一直聊了两个多小时。因为室友想报化工系，蒋老师本身也是化工系老师，他很详细地解释化工都学什么、做什么、以后就业怎么样，室友说他第一次详细地了解到化工系，也认识到这不是自己真正的兴趣所在，后来就没有报化工系。老师一直鼓励我们要根据自己的兴趣选择专业，因为只有真正喜欢的事，我们才能有动力去做得比别人更加出色，做这个行业的成功者。

"新生之友"制度真的是很好的，一位导师对大一新生的指导作用是影响整个大学生涯的。希望这个制度能够一直保留下来，让更多学弟、学妹从中受益。

新生的"领路人"

——记电气学院"新生之友"王玉芬老师

王玉芬，女，1994年博士毕业于西安交通大学，同年10月赴英国Strathclyde University做访问学者，1996年回国进入浙江大学任教，承担过多门本科生课程和研究生课程的教学，至今从未停止与学生的交流与接触。2009年起任电气工程学院党委副书记，2011—2013年连续三年担任"新生之友"，用心付出、用情关爱，帮助学生健康成长。

记者采访

文／胡秋琴

王玉芬老师已经连续三年报名参加了"新生之友"的活动。在繁忙的工作之余，她尽自己最大的努力帮助新生，承担起新生"领路人"的角色。"选择之后是坚守，要发挥亦师亦友的作用。"这一坚持就是三年。

师亦是友，友亦是师

"绝不能让学生觉得我是来'管'他们的老师，而应是来'帮'他们的朋友，'帮助'胜于'管理'。"这是王老师的工作理念。

步入大学之门，新生常常会感到迷茫。虽然有辅导员、班主任和学长的细心指导，却仍不能很好地覆盖到每一个学生。"进入大学的第一个学期是最重要的。因为这段时间里，学生对环境不熟悉，社交圈子相对较小，对专业情况也相对迷茫。"为了帮助新生尽快适应大学生活，王老师会早早地联系结对同学，了解学生的情况，并且和他们交换联系方式，通过短信、QQ等方式，对学生的疑惑进行解答和帮助。在繁忙的工作之余，王老师也会尽可能多地安排与同学

266

见面，进行面对面的沟通与交流。从基本情况的了解，到关键时刻的指点，争取第一时间了解学生们的状况，与他们分享生活中的点滴。

为了解学生的最新状态，王老师每天都会关注结对学生的QQ空间。看到2013级的汪同学在空间里写："寒假结束，要离开家了……觉得很伤心。"王老师就会在下面留言："这是成长必须经历的事啊，在家好好享受父母的爱，离家好好照顾自己，不让父母担心。"王老师扮演着"知心姐姐"的角色，常常安抚同学们的情绪。

王老师对同学的关注也渗透到了每一个生活的细节中。在考试周来临之际，王老师会给每一位同学发送短信，给大家加油打气，提醒大家应该注意的事项。"每逢大考，老师都会给我们发温馨的短信提示，老师一直在默默地关心我们。"高敏说。

王老师是老师，为同学们指点迷津；她也是他们的"大朋友"，时时关心我们的生活。"上次室友生病住院，我们都没告诉老师，老师却打电话来问我室友住在哪个病房，然后带了许多水果去看望她。回来后怕我担心，还发短信告诉我她的状况。当时就有种家的感觉。我们远离家人来这边学习，什么都得自理，生病可能也没人陪，但老师的关心无疑就像冬天里的暖阳，让我们感到很温暖，仿佛是那种家人带给我们的温暖。"高敏说。

术业专长邀良师，眼界才情得益友

　　如何选择专业，这是大部分新生会遇到的问题。有些同学没有自己的目标，在选专业的时候，感到非常迷茫，无从下手。王老师利用自己多年积累的专业知识给他们提供了多方面的指导，从思想上到学业规划上。2011级一位同学在QQ空间里表达了"对大学课程学习以及对未来"的迷惘。王老师看到之后，及时联系了这位同学，从自己的亲身经历出发，鼓励这位同学正确对待自己的学习，明确知识积累和能力培养同样重要，重新确立自己的学习目标，并与这位同学进行了一场有关"大学意义"的讨论，帮助她重新热情地投入大学的学习中。对于有着明确的目标与想法的同学，王老师会一直鼓励他们坚持下去，同时给予关怀。

　　王老师还曾特意组织了一次聚会，让自己带过的2011级与2012级同学聚在一起，分享学习心得，交流经验，让学长、学姐们以自己的亲身经历为低年级的同学答疑解惑。"年龄相仿、经历类似的同学们聚在一起分享和交流自己的成长故事，很意外，比我自己亲自去讲解和指导的效果还要明显。""高年级同学的经历具有很强的感染力，我经常将他们的经历告诉低年级的同学，希望对他们有所帮助。"由于2013级同学的专业确认时间有了调整，没能在专业确认之前组织交流，王老师感到非常的遗憾。"之后，我一定还要组织她们见面。"在王老师全面的辅导和帮助下，前两届学生各有一名同学进入电气学院，其他的同学也以较高的绩点分别确认到了能源、材料、建工、机械、环境工程等各个专业。第三届有两名同学进入电气学院，一个同学进入机械系。大家都确认到了自己相对满意的专业。

"大学的生活是一环扣着一环的，专业确认、大学学习，每一个环节都不能出现问题。"在这个过程中，王老师为选专业有困难的同学提供耐心的指导，帮助他们选择适合自己的专业。在同学们确认专业、进入专业院系学习后，王老师仍关注着大家的学习、生活情况。

新生之友，一生挚友

"好不容易建立起来的感情，好不容易得到学生的认可，如果学生进入大二了就放弃了与他们的联系，实在可惜。"王老师并没有把"新生之友"工作的期限局限在新生第一学年。从大一新生阶段到大二专业确认再到大三步入学院，从大二 SRTP 导师的选择到大三"卓越工程师"计划的动员，王老师时时关注着大家的学习情况，关怀着大家的成长。2011 级的欧同学，确认了自动化（电气）的专业。在她进入专业院系学习后，王老师还一直关注她的学习。大三的时候，王老师在特高压奖学金的答辩名单里发现她的名字后，马上发去了祝贺短信："很高兴在特高压奖学金申请汇总表中看到你的名字，这充分说明了你这两年获得的成绩。祝周三答辩顺利。"

"到了大二，王老师就不是我们的'新生之友'了，不过老师会一直是我们的人生导师和家人般的朋友，我们要真诚地对老师说一声：'谢谢！'"高同学说。

　　"想要尽快适应大学生活，就必须学会主动寻求帮助。"
"在大家需要帮助的时候，我希望我就在他们身边，能对他
们有所帮助。"王老师像一位知心大姐姐一样关怀着他们的
成长，承担起新生的"领路人"的角色，让学生在新的环境
中少一些迷茫，多一些安心。

　　"老师对我们说，平时她可能不会主动问我们有什么问
题，因为我们都有自己的事，问多了反而嫌烦，但如果有问
题，都可以问她，她会很乐意帮我们。"汪千缘感动地说。
尽管"新生之友"工作中也存在种种困难，但是只要能够为
学生提供有效的服务，这些困难也就变得微不足道。王玉芬
老师用她的实际行动向我们展现了一名普通教师对于"新生
之友"工作的热忱和对学生的无私关爱。

学生眼中的
新生之友

蓝田 3-1045 寝室

◎ 高 敏

说实话，刚进大学时，我对"新生之友"非常期待。在听到其他寝室的同学说他们与"新生之友"见面如何如何时，我羡慕的同时又在抱怨为何我们的"新生之友"一直都没有和我们联系，然后就在脑子里进行各种幻想。从期待到抱怨到失落再到最后的无所谓，我甚至忘了"新生之友"的存在。

但是有一天，有一个人加了我们的 QQ，说是我们的"新生之友"，她是电气学院的王玉芬老师。我们的第一次见面是电气学院在白沙综合楼的"浙里吧"举行的"新生之友"见面会上。我们寝室三个人很平静地坐下等老师来。

王老师给我们的第一印象很好。她一来就和我们解释之前没联系我们的事。原来是我们寝室临时换老师了，交接工作滞后了些，导致她很迟才知道自己是我们的"新生之友"。她还向我们道歉了，这反倒让我们感到很不好意思。王老师看起来和我们的妈妈一样，说话也很平易近人，看着我们的时候都感觉她在微笑。王老师对我们说，平时她可能不会主动问我们有什么问题，因为我们有自己的事，问多了反而嫌烦，但我们有问题了，都可以问她，她会很乐意帮我们。老师又和我们聊了专业意向以及生活上的方方面面，整个谈话过程都很轻松。最后离开的时候老师给我们每个人一双袜子，不得不说这是我们收到的一份很奇特但很温馨的礼物。

之后老师一直都很关心我们，从每逢大考之前老师都会给我们发温馨的短信提示，还有探望生病的室友，都可以看出来，老师一直在默默地关心我们。有关室友生病的那件事不得不说。

上次室友朱诗葭生病住院，我们都没告诉老师，老师却打电话来问我朱诗葭住在哪个病房，然后带了许多水果去看望她，回来后怕我担心，还发短信告诉我她的状况。当时就有种家的感觉。我们远离家人独自来到大学生活，什么都得自理，生病可能也没人陪，但老师的关心无疑就像冬天里的暖阳，让我们感到很温暖，仿佛那种家人带给我们的温暖。

到了大二，王老师就不是我们的"新生之友"了，不过老师会一直是我们的人生导师和家人般的朋友，在此，我们要真诚地对老师说一声："谢谢！"

◎ 汪千缘

大一已经结束，这一年里我收获了很多人的帮助，我们宿舍的"新生之友"就是其中之一。我们的"新生之友"是王玉芬老师，我认为我们宿舍和她有一种奇妙的缘分，在大一能够得到这样一位老师的帮助，我感到很幸运。

王老师气质优雅，待人随和，关心我们的生活和学习。见面时，她叮嘱我们要在大一好好学习，不能因为上了大学就对成绩有所松懈。她也鼓励我们去发掘自身的兴趣爱好，让我们多看书，多参加社团和校园活动。不仅如此，她也开导我们这些刚离开家的孩子们，告诉我们要合理安排自己的生活作息。正是有了这些话，我才能在大一的时候处理好学习与生活的关系，让我觉得大一收获颇丰。

说实话，我觉得"新生之友"对一位大一学生来说很重要。刚进大学，我们对周围的一切都很陌生，会有畏惧的心理。而"新生之友"虽然是老师，却是以"新同学的朋友"这样的姿态来帮助我们的，这让我们一下就感受到了来自学校和老师们的关怀。也因为他们是老师，有丰富的学生工作经验，所以帮助我们解决问题时游刃有余，我们也才可以顺利度过大一。感谢王老师，感谢"新生之友"！

◎ 朱诗葭

我们的"新生之友"是王玉芬老师。刚开学时，一直未有"新生之友"与我们联系。看着其他寝室都纷纷和"新生之友"见面，我们心中未免有些心急和难受。直到有一天，我接到王老师的电话，才知道原来我们的"新生之友"换成了王老师。后来在电气学院的"新生之友"见面会上，我们才第一次见到王老师。当时的王老师很温柔地给我们解释一直未联系我们的原因，也关心地询问了几周来我们的情况。这让我们对王老师慢慢熟悉起来，没有了一开始的拘谨和紧张。

一年来，王老师一直都很关心我们。节日期间，我们总是能收到老师温馨的祝福短信；考试周期间，老师会提醒我们认真复习，专心备考；而在专业确认期间，老师又会给我们提供一些专业知识，帮助我们了解更多。当然，最让我印象深刻的是我在生病住院时，老师前来看望我。

当时，我因重感冒住院，但并未告知王老师。王老师却从我空间的状态中得知我住院的消息，并在百忙之中抽出时间，从玉泉校区赶到紫金港校医院前来看望我。当时的我十分惊讶，同时也感动于王老师对我们的关心。老师的关心让我身处异乡却感到温暖。而且，这也让我们知道，虽然和王老师见面不多，但老师一直都很关心我们。

"新生之友"，并不仅仅是老师，还是我们的朋友，而王老师给我们的感觉正是亦师亦友，在我们刚进入大学迷茫之际，给了我们帮助和温暖。

王玉芬老师和结对新生

适合学生需要的
才是最好的

——记宣传部"新生之友"吴雅兰老师

吴雅兰,女,杭州人。本科就读于竺可桢学院文科班,2007年传播学硕士毕业后,先在杭州电视台摸爬滚打两年半(也许你曾在电视上见过我),于2010年回浙大宣传部校报编辑部工作。

"在'官方'年龄上,我已经不再'二'了,但厚脸皮的我一直认为自己依然青春荡漾,所以,大一的弟弟、妹妹们,你们完全可以叫我一声'雅兰'姐,那样我会很高兴的。我热爱生活,喜欢足球,笑点很低,泪点也很低,不知道跟你们有没有一丝相仿呢?

连续三年参加'新生之友'工作,我很感激这样的青葱岁月,用心付出,就会收获友谊,我最享受的就是那种被需要感、被信任感。我不敢说对学生们能有怎样的帮助,我只想尽力而为,不愧于'新生之友'这个称呼。

我们有缘相识在求是园,我有幸走进你们的大学生活,你们是否和我一样,会在以后的某一天,想起这段共同度过的岁月?"

——吴雅兰

275

文／兰思悠

"我买了本《约翰·克利斯朵夫》。"

"这一年我看了许多跟智能机器人相关的书。"

"我对哲学很感兴趣，我知道了尼采和叔本华都是悲观主义者，但对艺术都有较高的评价，比如叔本华把艺术看作是解除人类的痛苦的一条可能途径。"

……

7月初的一天中午，宣传部"新生之友"吴雅兰老师请她联系的四位男生在接待餐厅聚餐。在正式开饭前，四位男生轮流向吴老师介绍这一年他们在课外阅读上的收获。

而这源于一年前，吴老师和学生第一次见面时的约定。

一张书券，一本好书

"这是4张50元的书券，我把它作为见面礼送给你们，希望你们每个人都去买一本自己喜欢的课外书，等到明年夏天，我们一起来分享读书体会。"

2013年9月，在"浙里吧"，吴老师见到了信息大类的四位男生，王一能、李娜雨、蔡宇和陈立帆。在相互介绍后，吴老师询问了每位同学的意向专业、兴趣爱好、想加入的社团。

"这是我参加'新生之友'工作三年来第一次和男生寝室结对。本来还担心会不会冷场，没想到他们都挺能说的，问了我好多问题。"

除了带去好吃的，吴老师还特地准备了"精神食粮"——书券。"不管读什么专业，不管学习压力大小，都不能忘了读书"，吴老师笑了笑说，"当然，我没有权力要求他们一定这么去做，我只是提出一个倡议，然后静待结果"。

没想到，过了几天，吴老师就收到了李娜雨的邮件，"昨天去晓风书店买了一本《约翰·克利斯朵夫》，您给的50元书券都不够用，呵呵。不过早就想看这本书了，图书馆居然没有，如今买到了，还是很高兴的。我的阅读报告就准备写这本书了。"在信中，李娜雨还请吴老师推荐几本好书。她是这么回复的："非常高兴你这么快就去买书了，期待着你跟我们分享体会哦。至于好书，我想每个人都有自己的标准。我读的书比较杂，比较喜欢历史类、人物传记类作品。有时候我倒是觉得我们读书的时候不要想着读了会有什么用，就只是纯粹地去读书就好。"

更让吴老师惊喜的是，后来李娜雨真的写了两篇读书笔记发给她。"我把文章推荐给了我们《浙江大学报》的副刊责编张老师，她觉得不错，准备下学期刊登在校报上。"

几次邮件交流下来，吴老师觉得李娜雨是个很有自己想法的男生，而且执行能力很强。她打心眼里喜欢这个有点腼腆的男生。

有一次，吴雅兰老师去云峰学园给大一新生做一个关于新闻采访写作的讲座，李娜雨刚好也去参加了。虽然吴老师在讲座中并没有布置什么作业，但李娜雨写了篇云峰学园首届新生运动会的稿子发给了她。"我很意外，他不是读新闻专业的，却很勤快，这让我很欣慰。因为不管以后从事什么工作，写作能力都是非常重要的。"

吴老师很快就回了邮件，指出了稿子存在的问题。"我按照吴老师的意见对稿子做了大改动，后来文章真的登出来了。"李娜雨说。

因为这一年来，吴老师工作繁忙，与四位男生见面的次数不是很多，多是在网上交流，她很是愧疚，但学生们还是觉得她很尽职，"我们都认为吴老师做得很好，我们如果有问题找她，她都会第一时间帮助我们"。

一张书券，一本好书，串起了吴老师这一年的"新生之友"工作，也架起了她与四位男生的沟通桥梁。"四位男生学习都很好，在专业选择上也早有了自己的目标，我没有帮上什么忙。也许，对他们多看书、多思考的督促和鼓励，让他们有了一点额外的收获吧。"

一声姐姐，一份亲情

在这个夏天，吴老师还应邀赴了另一场约会。前一年她带的"新生之友"寝室的四位女生陶欣怡、秦臻、李睿和许思予大二结束要分寝室了，特意叫上她们的"雅兰姐"一起在紫金港附近聚餐，其中一位女生还带上了男朋友，让雅兰姐"考核考核"。

那天，吴老师上午在玉泉校区采访，中午赶回紫金港校区，在校门口坐上了李睿的自行车。"虽说这有违交通规则，但我想很少有老师会有这样的'待遇'吧。"

去餐馆的路上，她们跟雅兰姐聊一起上的游泳课，聊即将到来的暑假，聊未来一年的出国交流计划。"我搂着李睿的腰，看着她轻松自在的笑容，迎面吹来微微的风，这感觉真好！我想起了这两年来我们以姐妹相称的快乐时光。"

2012 年秋天的第一次见面，吴老师去了紫云 5 幢四位女生的寝室，看到寝室面朝篮球场，她有点担心地说："肯定很吵吧，好像夜里也有学生打篮球的，你们能睡好觉吗？"一句感同身受的话引起了学生的认同，四位女生你一句我一句地向她抱怨篮球场的"噪音"。很快，吴老师就和学生们打成了一片。活泼、外向的女生八卦起了吴老师的个人生活，她毫无保留地讲起了自己在浙大的学习、生活和恋爱故事。

"吴老师很年轻，看上去跟我们差不多大，沟通起来没有一点隔阂，就像我们的姐姐一样，所以第一次见面后，我们很自然就叫她姐姐了。"李睿说，从那天起，"雅兰姐"就成了她们寝室的第五位成员。

有人过生日了，吴老师买了蛋糕和学生一起庆祝；女生们在"堕落街"发现一个不错的小饭馆，会叫上雅兰姐一起去品尝。每一次聚会总是笑声连连。当然，在聊天的过程中，她不忘叮嘱女生们要坚持锻炼身体，养成早起早睡的习惯，等等。

"很多时候，我是个倾听者，只在最后的时候给出自己的建议。她们什么都愿意跟我说，比如，谁谁有了男朋友，就可以说上好半天。这种被信任、被需要的感觉让我很感动。"吴老师说。

最让她高兴的是，四位女生很主动。云峰学园开辟了一个活动室，专门供"新生之友"老师和学生使用。女生们第一时间邀请了雅兰姐。吴老师又请了当时的宣传部部长沈文华和办公室另一位同事梁艳老师，三位老师和三个结对寝室，一起举行了一场热闹的联谊会。吴老师所联系的这四位女生还担起了节目策划的重任。唱歌、游戏、诗朗诵和经验分享等一个个环节让大家既玩得开心，又增进了彼此间的友谊。

2013年夏天，在宣传部"新生之友"集体活动中，这四位女生说："雅兰姐是我们这一年除了上课老师外见面次数最多的老师，我们说了很多不曾对其他老师说过的悄悄话。虽然'新生之友'工作期限是一年，但我们的缘分还会继续下去。"

没错，那年秋季开学，吴老师就和四位女生又相聚在接待餐厅了。这一次，其中一位女生还捎上了自己的妈妈和两岁的妹妹。"雅兰姐是我们在学校里的亲人。"秦臻说。

亲人般的陪伴，就是吴老师带给四位女生的最大感受。

一身责任，一种思考

连续三年的"新生之友"工作，让吴老师有了很多自己的体会和思考，她把这些经验和教训写成文章，发表在学校和学园的《新生之友简报》上。

"我不希望像完成任务一样做过就算了，有思考才会有进步，"吴老师坦言，"第一年的工作不是很成功，我觉得我倾注了很大的热情，却没有得到学生的积极回应。这让我很受打击。我在想，是不是我在沟通方式上出了问题。所以在以后的工作中，我随时在做调整。"

吴老师认为，适合学生需要的才是最好的。有的学生需要专业上的指导，有的学生需要生活上的帮助，有的学生需要情感上的共鸣，老师应该"按需供给"，其次还要根据学生的特质来选择具体的沟通方法。男生跟女生的情况不同，外向学生和内向学生的差异很大，这都需要老师们针对不同的学生采用不同的方法，而不是千篇一律的。"当然最重要的是在了解需求后能够满足需求，学生提出问题后老师能够解决问题。"

另外，老师还要根据自己的资源和条件给予学生不同的帮助。"跟专业教师相比，我在学习上帮不了什么忙，我很清楚这一点，也确实常常为此而感到担心，这就更需要我在其他方面多下功夫。"

除了自己结对的寝室，吴老师对于"新生之友"的整个工作都很热心。第一年的时候，得知有位同事联系的四位女生对新闻感兴趣，吴老师就把她们拉进了校报学生记者团，加以悉心指导，带她们做"新生之友"工作的调研，还带她们采访了沈之荃院士。至今，其中的两位女生仍然是学生记者团的活跃分子。

"我相信每位老师在报名的时候，都是对'新生之友'工作充满热情的，也很愿意承担起这份责任。但效果如何是因人而异的，这其中学生的态度就起到了很大的作用，越是主动的学生肯定收获得越多。我很感谢我联系的这些学生们，让我在这份工作中得到了很多快乐。"

不是很清晰。我明白，大学生活的核心就是阅读——我觉得这也是吴老师之后给我们购书卡所暗示的——一则课堂是辅助性的，掌握一门学科必须依赖自学，而自学就要求我们阅读课本和参考资料；二则现在的人生规划、对世界的认识已经无人指导，而获知这些的途径，就是通过书本，汲取前人的经验。与吴老师的交流让我获益匪浅，也让我明白了在大学的主要任务。

吴雅兰老师和结对新生

后　记

　　在当下社会，和谐、融洽的师生关系显得尤为重要。如果说 2013 级优秀"新生之友"的表彰大会是树立先进的启程，那么这本书就是启程得以顺利前行的导航灯。本书凝聚了"新生之友"们的付出和汗水，是无数默默奉献在教学、科研、管理岗位教师的缩影。

　　古人曾有"亲其师，信其道"的名言。"新生之友"寝室联系制度拉近了教师和学生的距离，为初入浙大的学子搭建了与老师沟通的桥梁。2013 级优秀"新生之友"是通过院系、学园投票、调研等方式评选出来，是全心全意为学生服务的老师。"感人心者，莫过于情。"我们衷心希望本书能够成为广大"新生之友"的镜子，希望每一位志愿担任"新生之友"的教师，能对照这面镜子，结合自己的特点，当好新生的领路人。

　　本书的成功出版，要感谢浙江大学党委宣传部的校报学生记者们，他们利用课余时间对这些优秀"新生之友"进行了采访，并撰写了一个又一个感人的师生故事。浙江大学出版社的相关老师对文章筛选和审读做了大量的工作，因为他们的鼎力支持，本书才能顺利出版。

　　此书出版，还承蒙浙江大学党委书记金德水老师在百忙之中作序，特此感谢。求是学院宓旭峰、叶柳青老师，党委宣传部吴雅兰老师对本书的编写付出了辛勤的劳动，在此一并表示感谢。

　　同时，由于编者水平有限，时间仓促，书中难免存在不妥之处，希望读者批评指正。

编　者

2015 年 6 月

288